高能要事

为什么成功的路上不拥挤

叶武滨　著

中信出版集团 | 北京

图书在版编目（CIP）数据

高能要事：为什么成功的路上不拥挤 / 叶武滨著
.-- 北京：中信出版社，2019.10（2025.2 重印）
ISBN 978-7-5217-0947-6

I. ① 高… II. ① 叶… Ⅲ . ①时间—管理—通俗读物
Ⅳ . ① C935-49

中国版本图书馆 CIP 数据核字（2019）第 173550 号

高能要事：为什么成功的路上不拥挤

著　　者：叶武滨
出版发行：中信出版集团股份有限公司
（北京市朝阳区东三环北路27号嘉铭中心　邮编　100020）
承 印 者：河北鹏润印刷有限公司

开　　本：880mm × 1230mm　1/32　　印　　张：8　　字　　数：100 千字
版　　次：2019 年 10 月第 1 版　　印　　次：2025 年 2 月第 11 次印刷
书　　号：ISBN 978-7-5217-0947-6
定　　价：49.80 元

致读者

时间是一个人最稀缺的资源。

那么，时间管理这项人人必修的课程你掌握了吗?

你是这样做时间管理的吗?

每天的日程计划排得满满当当，雄心勃勃要做完所有的事情。

全情忘我地投入事业打拼，“996”是常态，却发现——

日程清单总也做不完，疲于奔命，健康拉响了警报，亲密关系亮起了红灯，缺席孩子们的成长成了你的常态……

为什么做了时间管理，却仍得不到你想要的结果?

我想，你对时间管理真的有一个很大的误解：

其实，不必完成所有的事情，人生不在于做了多少事，而在于把重要的事情做到极致。

每个人都有很多事情，如看新闻、写报告、听网课、会议、聊天、网购、人际交往、运动健身、经营家庭、陪伴孩子……每件事所带来的人生价值不一样，对时间、空间和精力的要求也不一样。

好钢就要用在刀刃上。在优质的时间、合宜的空间，集中旺盛的精力，去做对人生产生积极影响的20%的要事。每天高能要事2小时，效能提升 16 倍，而工作时间却大大减少，实现高效率，享受慢生活。

如果你认为过自己想要的生活就是随心所欲，所谓的人生赢家是别人“命好”，时间管理你“生而知之”，即使要学，也是三天就会，那么，本书真的不适合你。

如果你坚信做事不靠感觉靠系统，自律也只是刻意养成的习惯，那么本书就是为你量身定制！

来吧，从今天开始“高能要事”，你会惊喜地发现：以今天的努力可以看清明天，以今年的努力可以看清明年——成功于你，只是时间的问题。

为了见证和帮助到你，我们建立了“读者交流群”，请扫码加入，快速成长！

读者交流群

叶武滨老师在时间管理领域开创了独到的知识体系。如果你想过一个卓越而不失衡的幸福人生，我推荐你读一读这本书。

——樊登（樊登读书创始人）

叶武滨老师是喜马拉雅平台最早一批认真做知识付费的知名主播。他的时间管理系列节目，在我们平台上不仅有数量众多的听众，还广受听友好评，总销量排名前列。现在他把好节目中的核心理念整理后全新出版，是广大时间管理需求者的福音，推荐大家阅读。

——余建军（喜马拉雅联合创始人）

人生最大的消耗是把精力和时间花在了和情绪的对抗上。叶老师在《高能要事》里揭示：人生的成就不在于做了多少事，而是取决于在优质的时间、合宜的空间，集中旺盛的精力去做对人生有积极影响的20%的要事。这是一份积极人生的行动指南。

——海蓝博士（“不完美，才美”系列图书作者，

著名情绪管理与幸福专家，海蓝幸福家创始人）

我很高兴向您推荐叶先生所著的《高能要事》。当今世界，因时间压力而产生焦虑是商界人士和其家庭成员所面临的最严重的问题之一。叶先生最近访问了我们位于美国亚利桑那州的金刚商学院教师培训学院，并为我们的员工和学生们做了几次关于时间管理的讲座。在他的线上和公开演讲中，在这本书里，叶先生正在处理时间管理和时间焦虑的问题，帮助了中国和美国等许多国家的人。我对他所取得的成就表示祝贺。

——麦克·罗奇格西（Geshe Michael Roach，《能断金刚》作者）

智能的时代讲求优化和高效，叶武滨老师讲的就是时间的优化和高效的人生。推荐大家读一读这本书，为自己装备一套充满智慧的时间规划法。

—— 宋正（ Andy Song，皇家墨尔本理工大学 人工智能专家）

经常听到一句话，“这世上唯有时间是公平的，每人每天都拥有 24 小时”。但就是这个公平的时间，不同的人用它，就会产生不同的结果与不同的命运。恩格斯说：“利用时间是一个极其高级的规律。”叶武滨老师就是那个发现如何利用时间规律的人，本书就是教你如何使用时间规律的手册。一旦掌握，你的生命将从此变得不同。

——陈静（澳大利亚浙江侨团联合会会长）

如果你的生活忙、盲、茫，如果你的人生还没有找到方向，工作没找到重点，生活没找到节奏，那么我推荐你一定要读这本书，它或许是你找到成功与幸福的第一步。用跑步增加生命长度，用《高能要事》增加生命宽度，一起更好。

——吴栋（“陪你跑”创始人）

从 245 斤的大胖子到成功瘦身 100 斤拥有现在的标准身材，叶武滨老师的时间管理术改变了我的一生！我儿子也因为运用了“高能要事”的系列方法，一年的时间从校榜排名 235 名，到中考 768 分，考上了本地重点高中的重点班级。现在《高能要事》出版，祝愿阅读本书的人也能收获改变人生的能力。

——王长宇（营口市超凡效能信息服务中心 总经理）

世界上不缺乏知识，但知识往往不能被普通人读懂，即便读懂，有时也很难转化为具体的方法；世界上不缺乏方法，但知道了未必都做得到；叶武滨老师的易效能时间管理体系，就是把深厚的理论变成普通人都能读懂的方法，更重要的是，他把这些方法变成了具体的践行步骤，带领大家真正地改变自己，过上幸福的人生。

——王霄（《王霄老师的 5 堂幸福课》作者）

拿到香港理工大学与香港中文大学双硕士学位之后，我又拿到了香港教育大学生命与价值教育的博士学位。在被问到为什么经过了这些教育之后还来跟着叶武滨老师学时间管理时，我想是因为叶老师实用主义风格的理念系统让我真实掌握了完善生活的能力！

——陈苗（英国多元潜能开发教育中心创办人）

这是我见过的在系统性和实操性都排名前列、饱含诚意的作品！“你的成就取决于你有多爱这个世界”，在这本书中我看到了毫无保留的内容，也感受到了叶老师对于这个世界爱的倾注。如果你想过自己喜欢的生活，如果你想获得时间自由和生命的喜悦，推荐你一定要读一下这本书。

——黄士豪（悉尼上市公司 8I holdings 台湾区总经理、杂志专栏作家）

带着四个宝宝创业的生活是什么样的，乱成一锅粥？其实不然，感谢易效能的时间管理系统，让我能够在管理家庭和事业上有战略和战术的质的飞跃。这本书是叶老师的课程精华，书里的每一章节内容我都亲身体验过，堪称我的人生指导书。也推荐你来阅读。

——张倩怡（中山万达利服装有限公司 总经理）

在叶武滨老师的指导下，我在时间管理中逐渐塑造了更好的自己，完成了原本以为不可能的任务：5000 平方米的工厂搬迁。我通过实践行动把“项目分解”“执行路径”“专注当下”等等，从课程知识转化成了个人能力。所以我要强烈推荐这本《高能要事》，用它的内容指导自己的行动，相信你也会拥有诗歌和远方。

——钟娟（上海舒翌家居用品有限公司 总经理）

目录

preface

序

“高能要事”是时间管理的核心

chapter

1

时间管理的初级技能——一次只做好一件事

chapter
8

chapter
9

最后的彩蛋：
真正的时间管理是基于人生赢家而进行的生命管理

preface

序

“高能要事”是时间管理的核心

大道至简，少而精。本书的宗旨是让处于不同阶段的朋友，通过填写 TMTI 系统测试题，明确自己的时间管理段位，从而高效学习，通过有针对性的练习，获得提升，晋级为高效能人士。

我致力于时间管理研究 10 余年，创立了专注时间管理咨询的机构——易效能。过去 6 年，我们在全球许多国家和地区举办了数百场课程。3 年前我们推出的《叶武滨时间管理 100 讲》，截至当下，喜马拉雅平台有数据显示，播放量已突破 1.2 亿。随后的音频付费专辑获得千万级的销售额，排行榜名列前茅。迄今为止，在拥有 6 亿用户的全球最大的音频平台喜马拉雅上，我的单集平均销量成绩更加优秀。

本书内容浓缩了我过去 6 年时间管理知识研究的最新精华，并完成了最新的迭代，称之为“叶武滨时间管理九段法”，简单易懂，容易上手，针对性强。书中既有理论，又有个案分享，更有测试和练习，形成一个循序渐进又反复操练巩固的学以致用体系。并且在喜马拉雅等互联网知识付费平台上，开通了相应的音频节目，结合本书内容一起学习，能让你有事半功倍的效果。

高效率，慢生活，告别忙盲茫

“高能要事”这四个字，是我们时间管理理论的核心。

简单一句话：时间管理不仅仅是做到准时、追求时间效率，更是基于人生维度的目标选择、行动与结果的达成，重在长期乃至一生的效率，即效能。

如何实现高能要事？每个人每一天都要利用最优质的时间、空间和最旺盛的精力，去选择并首先完成对人生有积极影响的事情，如此就可以创造你想要的人生，实现 16 倍的效能跃升。

要行动力，要计划力，还要反思力，怎么做到？在这本书中，我把这三种力划分为九个段位，让你循序渐进获得提升。

如果在对以下几类人的描述中，你可以对号入座，那么我的书就是为你写的：

第一类，忙死。忙死的人，白天过不好，晚上睡不好，生活一地鸡毛。

我的课开到了世界上的很多城市，比如纽约、伦敦、东京，以及中国的“北上广深”，这些城市有一个共性：人们的生活节奏很快。很多人看到时间管理的主题，就会说，我都忙得要死，已经没时间了，还要时间管理吗？殊不知，他们不了解“忙”的本质——忙，心亡，意为心死，等于忘记了人生目标，随波逐流，效能必然低下。**最怕的是你忙忙碌碌，却一生碌碌无为。**

第二类，拼死。在快节奏的城市，还有一类人，他们拥有宏大的梦想，但忘记规划一个值得拥有的人生。比如要赚一个亿，却没时间陪伴家人、关爱自己；夫妻关系、亲子关系都处不好；甚至健康也没了。曾经听说这样一个段子，一个老板每天抽烟喝酒陪客户，挣得了公司豪车大别墅，但很快身体垮掉了，告别了尘世繁华，留下一位年轻的妻子，而这位妻子后来与他家司机日久生情，于是带着已故前夫留下的巨额遗产嫁给了司机，这就有了那句笑话，“挣的钱都给司机花了”。从事业和人生规划的层面来讲，三国英雄里最厉害的不是诸葛亮，而是司马懿，因为他活得久，剩者为王，三国归晋。这第二类人目标单一，**人生失衡，拼到头却最终一场空。**

第三类，闲死。这类人，非常悠闲，他们说不想在大城市过那么紧张的生活，只想睡觉睡到自然醒，甚至还半开玩笑地说，好山好水好无聊。殊不知，人生不仅仅是当下的生活，还有诗歌和远方，还有生而为人的意义。与上面两种人不同，闲死的人过得很迷茫，他们得过且过，却又时不时地悔恨自己虚度了光阴，但又不知道如何改变现状，可能过得比忙死和拼死的人内心更加煎熬。

你是哪一类人？或者你最终想要成为怎样的人？

在本书中，我设计了可以帮助你一步步实现时间自由、空间自由、财务自由、心灵自由，减少工作时间，提高工作成效的路径，让你实现高效率，慢生活，最终成为人生赢家。

通往人生赢家的“线上人生”

什么是人生赢家？自 1939 年起，哈佛大学用了 76 年开展一项人生发展研究：追踪 268 位青少年的成长历程，直到他们暮年。这其中甚至包括了肯尼迪总统，研究者只为求得一个问题的答案：什么样的人，最有可能成为人生赢家？结果表明：想要成为人生赢家，必须“十项全能”！这十项标准中，有 2 项跟收入有关，4 项和身心健康有关，4 项与情感关系有关。

所以，一个真正意义上的“人生赢家”，不是仅在单一领域里获得成功，却失去了人生其他意义和快乐的人。因此，我为线上和线下人生做出了定义：

线上人生，在一个领域卓越，在整体上平衡，至少做到不失衡——人生有方向，工作有重点，生活有节奏，通向人生赢家。

线下人生，忙死、拼死和闲死等等，作息无序，做事拖延，焦虑、疲惫、紧张，人生一片混乱。

从我自身的成长经历和数年的演讲、授课、咨询经验来看，我发现通往人生赢家的挑战是普遍存在的，而且因人而异，但成功的道路是有迹可循的。这就是我写这本书的起因。

终身精进

生而为人，我们有与生俱来的人性的弱点，改变不易，但古往今来，有许许多多的人不甘于现状，勇于突破自我，敢于追求梦想，并成为人生赢家，他们就是最好的榜样。

10 余年来，我非常关注榜样的力量，阅读过无数古圣先贤和名人的著述、自传和媒体报道，参加无数的课程与演讲，还经常从古今中外的名人故事中汲取经验。如王阳明、曾国藩、本杰明·富兰克林、稻盛和夫、杰克·韦尔奇、李嘉诚、马云、村上春树、科比·布莱恩特等等，他们跌宕起伏的人生给了我很多的启发。

十余年的探索和实践，让我实现了时间、空间、财富和心灵的自由。这其中因为我在全球许多城市演讲，积累了很多的研究样本。最近 6 年，我服务了全球大量的学员，帮助他们过上想要的生活。从学员提供的信息来看，有 5 个月把个人收入实现翻番的，有 10 个月把自己的公司业绩大大提升的，还有 9 个月成功减肥 100 斤的……

在数学领域，1.01 的 365 次方等于 37.8。有人用它来说明只要每天保持一点点进步，日积月累就可以水滴石穿。但套用在复杂的人生系统上，可能就不那么准确且全面了，因为，所有的成功都不是线性的。

人生的成长和精进，是一个震荡波动、有前进有后退的循序渐进的过程。我们更需要的是在不断的觉察和修正中，拨乱反正，总量上保持进步。

每一天，每一个细节，如果可以借由计划、行动与反思，强化正向行为，改进修正负向行为，那么成功就只是时间的问题。

如果你掌握高能要事的思维和方法，并且终身精进，我可以肯定地说，成功会比你想象中来得更快！而在你不断进步的这条路上，会有很多人因为一时的挫折半途而废，退出舞台，这就是为什么说成功的路上并不拥挤的原因。

我的全新九段法将助你在此深耕，让你掌握终身精进的不二法门。

我会用“时间管理九段”，来帮助你实现蜕变

我会让你：

从只知道零散的时间管理知识碎片，到拥有一套完整的时间管理逻辑体系；

从一件小事都做不好，到能够专注高效地完成每一件事；

从能做好一件事，到能够安排好自己的每一天；

从能过好每一天，到能够掌控自己未来2周内的事件；

从掌控2周到未来3个月的目标，拓展到一年的梦想，最后是一生的愿景；

从只会用大脑或纸笔做最原始的管理，到能够熟练掌握如今科技时代的电子效能工具。

请跟随我的脚步，一起来逐层升级自己的“时间管理段位”（见图序-1），一直到最高的九段，九段之后，我们就完成了从“知道”到“做到”的蜕变，并且得偿所愿。

现在，请你首先进行“TMTI测试”了解自己的段位。然后从第一段开始复习巩固，在你的段位上刻意练习提升，以此类推直到九段，最后，是从一至九段不断精进。

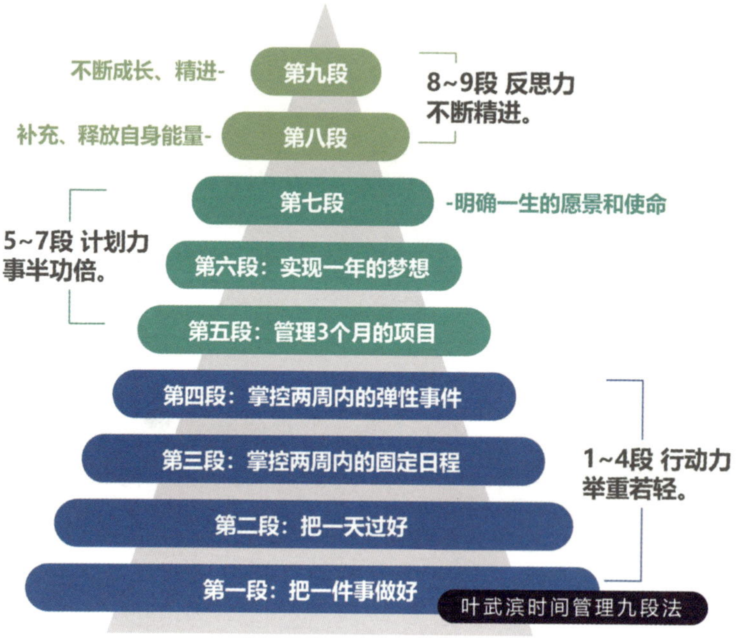

图序 -1　时间管理段位

第一段：把一件事做好！

做完测试题，结果显示你是不是在这一段位呢？这一段位是时间管理能力的第一级别，它意味着你的计划力、行动力和反思力都很一般，你可能做事抓不住重点，生活一地鸡毛，工作鸡飞狗跳。但不用担心，在这一级，学完后用起来，你会感受到“一次只做一件事”的魅力。

第二段：把一天过好！

发现自己处于第二段位的朋友，说明你已经掌握了做好一件事的方法，但是你可能还无法很好地安排自己一天的工作和生活。那么在这一段位，我们重点要训练掌握“高能要事”的能力，从而能够科学合理地过好每一天，并且游刃有余地完成要事。

第三段：掌控两周内的固定日程！

如果你目前处在这一段位，说明你已经具备了时间管理的基本能力，你已经能很好地做好一件事，并且能够过好自己的一天时间。

那么接下来，就要练习扩大视角，从只关注一天，到掌控未来 2 周内的事务。你会学会如何制定并管理自己的“固定日程”，做到不遗漏任何重要日程。

就像我能够在这 6 年里，飞行于全球各大城市参加演讲、授课、咨询，没有一次迟到缺席，同时也没有错过在每一个节假日和重要时刻陪伴家人和孩子一样。

第四段：掌控两周内的弹性事件！

跨越了第三段到第四段的朋友，说明你们已经能够不错过任何一件自己的人生大事了。

那么接下来，要提升你的日理万机从容应对各项事务的能力，我会在这一段位里，教会大家应对紧急事务，并掌控自己的“日程与弹性事件”，我会教你核心的流程，使用 STEP 法则、升级版的 A4 纸工作法，在不同的情境下处理不同的事件，并且给大家推荐相应的效能工具。

第五段：科学管理 3 个月的项目事件！

第五段，我们需要拥有更长远的视角，从掌控 2 周，进阶到管理 3 个月的项目事件。在这一段位，我们要学会做自己的“月度反思”，让你掌握“事半功倍”的项目规划方法与执行力，成功实现阶段成果的同时，体味到效率的提升。

第六段：实现一年的梦想！

到了第六段，表明你已经拥有了比常人更多的时间管理技能，并且已经尝到了时间管理的甜头。

这时，要提升选择与决策力，我们的视角需要再次扩展。在这一段位，通过八大关注系统，制定出自己一年期的梦想、目标与计划是关键，我们会学习把梦想视觉化的方法，让你过上卓越而不失衡的生活。

第七段：明确一生的愿景！

上升到第七段的朋友，恭喜，你们已经很棒了！这时的你们至少在各个领域小有成就，并且能够在一年的周期感受到生命的平衡。

在这一段位，我们会一起探讨整个人生维度的课题，帮助你寻找自己的成功因子，确定一生的梦想、目标，甚至人生的使命。在成就自己的同时，也能服务到他人，从而扩大你的成功量级。

第八段：正确补充和释放自身能量！

上升到第八段的朋友，我们的行为就已经不再局限于时间和事件的范畴了。在这一段位，大家需要一套正确补充精力和释放能量的方法，告诉你们成功人士的一系列优秀习惯，以及如何培养这些习惯的有效手段。

第九段：不断成长不断精进！

走到第九段的朋友，我要给你们鼓掌祝贺！

来到这里，你们就已经成功建立起了属于自己的时间管理逻辑体系，拥有了众多的技能，养成了优秀的习惯，你们已经有了卓越的行动力、计划力、反思力。

在这一段位，我们要掌握终极精进的不二法门。我们可能暂时还没办法成为伟人或者“完人”，但是你知道你和伟人或者“完人”之间的差距仅仅只是时间而已。

如果你对自己的人生仍怀有期许，如果你想过理想中的生活，那么这条锻造能力和修炼人格的道路，我们一起前行！

应用：测试你处在时间管理的什么段位

《孙子·谋攻篇》中说："知彼知己，百战不殆；不知彼而知己，一胜一负；不知彼，不知己，每战必殆。"

TMTI 测试题能够让大家客观地认识自己，知道自己的时间管理段位在哪里，完整地接纳自己、解读自己；再阅读本书内容，配合实践练习，有的放矢地改变自己；从而轻松、愉快地完成从"知道"到"做到"的蜕变之旅，并且得偿所愿。那么，现在就扫描下方二维码，立即填写测评问卷，准确地"知道"自己的时间管理段位吧！

做完测试后，你可能会发现你正处于一、二、三非常基础的段位，如果是这样，请你一定要尽快开始阅读本书，不要再做忙死、拼死、闲死的人了！掌握一些时间管理技巧，就能很好地改变自己，改善家庭，甚至能帮到更多人，因为你只要稍微改变一些认知，稍微进步一点点，就能进入正循环，把时间管理做得越来越好。

有些朋友在做完测评后，可能是在四、五、六的中段位置，那么你们对于时间管理有比较好的基础，更容易接受书中的时间管理理念和知识，但是，我还是要强烈地建议大家从第一段开始学习。因为，基础不牢，地动山摇。本书的时间管理是一个非常完整的系统，如果没有从一开始理解好我们的理论根基，找不到正确的方向和方法，没有打磨好自己的基本功，很可能只是花拳绣腿，起不到什么效果。

当然，有的朋友测试出来自己可能已经是在七、八、九这样的高阶时间管理段位了。祝贺你，已经能够很好地管理自己，并且活在正确的人生方向上了。人生不是一次马拉松，而是无数个短跑的集合与循环。因此你要深度学习高阶的内容，特别是九段的内容，运用日课六省，不断增加修行的科目数量，来获得日日精进和生命的圆融，还要从一至九段反复巩固练习，有能力的话去帮助更多人，从教会别人中升华自己。

祝愿大家和我一起，终身成长，让生命灿烂绽放。

测试题二维码↓↓↓

图序 -2 测试题二维码

段位	关键	工具	反思				行动			计划		
一段	一件事		日	周	月	年	记录	排程	**执行**	项目	关注	梦想
							1、255工作法。					
二段	一天	纸笔	**日**	周	月	年	记录	排程	**执行**	项目	关注	梦想
			4、打卡。				2、晚十早五。 3、高能要事。					
三段	两周	日历	日	周	月	年	**记录**	**排程**	执行	项目	关注	梦想
			6、反思日记。				5、固定日程日历。					
四段	两周	印象笔记清单	**日**	周	月	年	**记录**	**排程**	执行	项目	关注	梦想
			8、周反思。 9、月反思。				7、弹性清单T/STEP。					
五段	三个月		日	**周**	**月**	年	记录	排程	执行	**项目**	关注	梦想
										10、PNAS工作法。		
六段	一年		日	周	月	**年**	记录	排程	执行	项目	**关注**	梦想
			12、梦想板。							11、八大关注。		
七段	一生		日	周	月	年	记录	排程	执行	项目	关注	**梦想**
										13、找到三圈交集。 14、梦想生态圈。		
八段	能量		日	周	月	年	**记录**	**排程**	**执行**	**项目**	**关注**	**梦想**
							15、张弛有道。 16、精力管理（身体、情绪、思想、精神）。					
九段	精进		**日**	**周**	**月**	**年**	记录	排程	执行	项目	关注	梦想
			17、日课6省。 18、24项精进。									

图序-3 时间管理九段应用工具一览表

chapter

1

时间管理的初级技能
——一次只做好一件事

这一章，我们从“时间管理九段”的第一段开始：时间管理的初级技能——一次只做好一件事！

所谓“天下难事，必作于易；天下大事，必作于细”，只有当我们能从眼前着手，做好当下所面临的每一件小事，处理好各种细节，并持之以恒，如此才能做成人生大事，攻克人生难事。

时间管理也是一样，先把当下的一件事做好，然后才能有余力去管理自己的一天，接着才能有眼界去掌控自己的未来 2 周，乃至 3 个月、一年、一生的规划。

这是一个循序渐进的过程，慢慢来，别着急。

那么如何保证一次只做好一件事呢？这里先说一个我自己的故事：

20 年前，我刚大学毕业，通过严格的考试获得进京指标，在一家报社做记者，采访后写好稿件并保证及时发表是我工作中最重要的事情，但在写稿的时候，我往往很容易被外界电话、领导突然派发的任务或来自家人的嘱咐所打断。

那时我对提高效率和时间管理的认识和研究还没有现在这么深，只是想了一个简单的办法：我买来一个收件筐和一堆便签贴，当我在写稿的时候，被任何人打断，我就写一个便签贴丢入筐中。例如：有电话打来，我接起后告诉他，回头再给他回电话，然后写一个便笺“回某某电话”丢进筐中；脑子里突然想起太太早上说的“下班后顺路买菜”，我就写一个“买菜”的便笺丢入筐中；领导突然来交代说明天的文章排版要注意哪个细节，我一样写一个便笺丢入筐中。

等稿子写完，我就着手清查收件筐里的便笺，根据轻重缓急，选择执行。后来我还把事情按照家庭、工作、电话等等分别使用不同颜色的便笺记录。这里运用的原理就是根据不同的事务类型分别执行。

当然，这套简单的时间管理方法我后来又不断更新，如今已经非常成熟，这就是今天要讲的内容：专注一事的ABC255工作法。

事件 ABC 分类
——做重要的事，并把它做到极致

我们每个人每天都有很多“待办事项”，但是我们人生的价值和成就不取决于能做多少事，而在于确保优先做完重要的事，并把它做到极致。

按照事件的轻重缓急程度，我们可以把它们分为 A、B、C 三类：

A 类是我们确定必须由自己亲自执行的重要事件，是已经安排的计划内事件，包括重要紧急和重要不紧急事件；

B 类是突发的紧急状况，是计划外的紧急事情；

C 类是其他事件，是那些对我们内外产生干扰，却又不那么重要或者紧急的事件。

处理事情的正确顺序
——做 A 推迟 B 记录 C

处理这三类事件，我们需要采取不同的方法，大家只需记住这个口诀：做 A 推迟 B 记录 C！什么意思呢？即**首先保证计划内的 A 类事件被执行，记录、推迟或委托 B 类事件，不做只记录 C 类事件**（见图 1.1）。

图 1.1 做 A 推迟 B 记录 C

我们在日常生活中常常遭遇这样的事：

本来计划好现在要专注地做一件早就安排好的事情，也就是我们的 A 类事件，突然意外状况发生，于是我们秒变“救火队长”，丢下原本的计划，抛开眼下的安排就去解决突发紧急事件去了，也就是把 B 类事件提前，打断了 A 类事件的执行。

等救火完毕后发现，自己的计划又作废了，于是日复一日地做计划，月复一月地撕掉未完成计划，年复一年地对自己失去信心。

你是不是这样？

很多人会出现这种状况，原因是没有守住自己的原则，没有捍卫住 A 类事件的绝对重要地位，从而导致 B 类事件喧宾夺主，然后造成了 ABC 三类事件的执行关系混乱。

往往有两种情况：其一，B 类事件没有那么紧急，而是其紧急突发性导致了我们的焦虑心态，迫使我们打乱了计划内的 A 类事件，先去处理 B 类事件，如此恶性循环导致越来越多的 B 类事件的产生。其二，我们的自控力不够，受外界无关的手机通知和微信等干扰，漫无目的地东看西看，一件事都做不好。

我的原则是，B 类事件只要不是死人、救火、破产就不管它。天塌不下来，你不用听到电话就接，不用信息一来就回，不用守着手机通知，不用 24 小时每分每秒关注微信并及时回应，我们完全可以推迟任何事情，把注意力聚焦于当下要完成的 A 类事件。**毕竟 A 类事件可以分解成小 a 事件，在一定的时间周期内可以完成。完成 A 事件再来处理 B 类事件。**

在时间管理初期的学习过渡的阶段，我们允许有 B 类事件的发生，在实在紧急的情况下，我们也可以中断执行 A 类事件，率先处理 B 类事件，等 B 类事件解决后，再来继续执行 A 类事件。

但等你有足够的时间管理能力后，我们理想的状态就是没有 B 类事件发生，或者 B 类事件发生后我们也能以推迟或委托的形式进行处理，从而确保自己能首先完成 A 类事件。

总而言之，我们先从简单的 ABC 分类开始，**做 A，推迟 B，记录 C。**

ABC255 工作法
——25 分钟工作 5 分钟休息

那么 A 类事件应该如何高效执行呢？

核心就是要高能要事，因为人的专注力不可能长期保持高度集中的状态，同时精力也会消耗殆尽。《礼记·杂记》：“张而不弛，文武弗能也。弛而不张，文武弗为也。一张一弛、文武之道也。”为了保持高能专注，就要张弛有道，把工作和休息交替进行。农业上，有“作物轮作”技术，就是指在同一块田地上，在季节间或年度间轮换种植不同作物，如第一年大豆，第二年小麦，第三年玉米这样的年间轮作等。其目的是为了均衡利用土壤养分，调节土壤肥力，防止病虫灾害。人的脑力和体力、左脑和右脑等等都可以如此交替。初步的技巧，是工作与休息交替，为了维持效率，采取较长的工作时间和较少的休息时间，如一年的工作与假期、每周的工作日和周末。因此，我们细致运用到事件的执行，可以 25 分钟工作 +5 分钟休息交替。当然你可以根据自己的情况适当调整，如 45 分钟工作 +15 分钟休息，30 分钟工作 +10 分钟休息等，但无论你采取哪种交替模式，建议你务必都要维持一段时间不变，以便养成习惯。

让孩子从小就养成“专注做事”的习惯

我大儿子现在上六年级，前段时间受邀参加了 USAP（美国学术五项全能）中国站的全英文比赛。他第一次参加，就取得了 6 年级组成绩最好的组里面个人总分第一名，加上分项文学、艺术、社会科学、演讲、团队，一共获得 3 块金牌、1 块银牌和 2 块铜牌。

孩子平时的学业就挺重，学校布置的各种作业繁重，但我们想让他尽可能地尝试一些新事物。省时、专注、高效地完成学习就是关键了。USAP 大赛上他之所以能有不错的成绩，我想这完全得益于我们让孩子从小就养成了“专注做事”的习惯！

我们从小培养他专注学习，做作业的时间与休息放松的时间要交替轮换，张弛有度，认真一段时间，就要适当休息，例如学习 25 分钟后就休息 5 分钟，这样才有利于缓解大脑的疲惫，延长专注的时间，提升学习的效率。

相对来说，孩子的学习按部就班地进行就好，不会有太多紧急事件，更多的是自控力的训练。而成人所受到的干扰更多，所以要把 255 和 ABC 法则结合起来。

更高的技巧，给自己预留出专门处理紧急 B 类事件的时间

在执行 A 类事件的过程中，如果出现其他事件，不做它，只记录、推迟它或者委托它。如果出现非常紧急的事件，且不能推迟或者委托，也要记录然后将 B 类事件也按照 25+5 执行，即 25 分钟专注工作 +5 分钟放松休息。但这是不得已而为之的情形。

在这里，要深度讲述一个概念，紧急事件分成你预见到并已计划的和未预见的计划外两种情况。第一种包含在 A 类事件中，第二种就是 B 类事件。所以，提前的记录、收集、排程会造成 B 类事件的产生。如何应对和确保 A 类事件的优先级，这是一种能力也是一个习惯。

因此，最好在执行 A 类事件之前，做充分的思考并记录，预见随后会出现的重要紧急事情，提前安排其成为 A 类事件。

同时，要反思回顾，是什么原因导致 B 类事件越过 A 类事件的优先级？

高阶的技巧是，学会给自己预留出处理紧急 B 类事件的留白时间，当意外真的来临时，只需先记录下来，稍后再在

留白时间段内执行，这样我们就能变得遇事云淡风轻，活得游刃有余。

不管是事前还是处理事件过程中的记录，这里要给大家讲一个记录的原则，那就是要“快速”！记录要言简意赅，快速几个字记下核心内容，让自己在查看时能想起是啥事就行，初步的记录要快，不用对事件进行任何的分类细化加工处理。

A 类事件太大，就分解成很多个 25+5 的小 a 类事件

那么总结下来，使用我们的 ABC255 工作法打造自己做事的专注力，需要遵循的原则就是：首先确保完成计划内的 A 类事件，如果 A 类事件太大，我们就可以把它分解成很多个 25+5 的小 a 事件来执行（见图 1.2）；在做完 A 类事件之后再去处理 B 类事件。如果遇到特别紧急的 B 类事件，可以在完成手头的小 a 后进行处理，处理完成 B 类后，再回来继续执行下一个小 a。

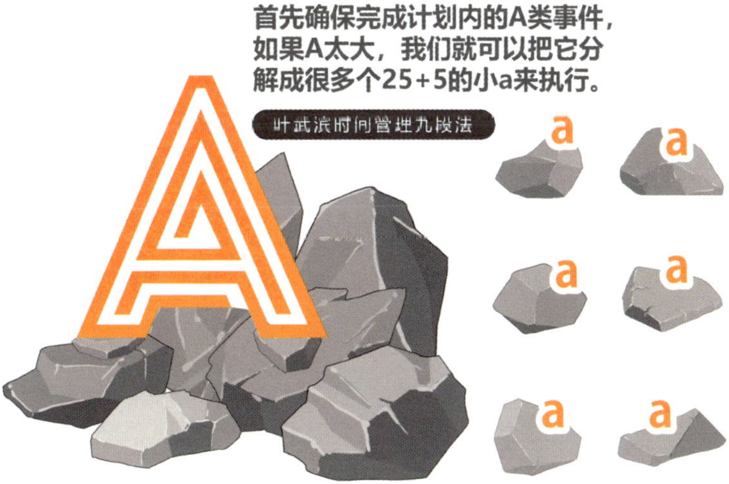

图 1.2　A 类事件太大，就分解成多个小 a

人的意志力、自控力、专注力有限，每天又很忙碌，一旦所求甚多，什么都想做完，反而什么都得不到。因此，当你想要有一个好的开始时，我建议大家：从“1”开始！从专注做好一件小事开始。如果你可以训练两周以上，你的专注力会大大提升。

当你能够把当下的每一件小事做好之后，下一步我们就可以扩展到高效处理一天的事件了。

践行："一事专注表"应用解析与示例

为了让大家快速拥有做好一件事的专注力，我们专门研发出了这张"一事专注法"表格（见图 1.3）。

这个表格一共分为三个部分，从左到右，我们依次来看，左边这个最大最复杂的表，竖着看 A 区标注为"高能要事"，它里面分为两个部分，从左到右依次是：

8 个 25 分钟工作 +5 分钟休息的闭环"255 专注工作圈"。

任务，即你的 A 类事件，也就是你准备马上要做的计划内事件。如果你刚开始还不能十分清晰地知道什么是 A 类事件，那么我建议你听从自己当下的感觉，凭直觉选出对已预见的事件做出当下要执行的排序，这就是 A 类事件。

这件事你可以用"主语 + 动词 + 参与人员 + 事情"这样的具体可执行的行动来记录，例如：主语是我，动词是写书稿，参与人员暂时没有，那么事件就可以记录为：我在飞机上写作新网课第二篇。

确定好要做的计划后，接下来你需要尽可能地隔绝干扰

一事专注表解读

“一事专注表”为的是刻意练习专注，一般使用1~2周即可。
当你能专注一次只做一件事后，再开始使用“一日五色表”及后续升级表格（也包含此ABC255原则）。

事件ABC分类

A类事件
是我们确定必须由自己亲自执行的重要事件，是已经安排的计划内事件，
包括重要紧急和重要不紧急事件。

C类事件
是其他事件，是那些对我们内外产生干扰，
却又不那么重要或者紧急的事件。

B类事件
是突发的紧急状况，
是计划外的紧急事件。

做A　保证A类事件被优先执行。
推B　尽量推迟或委托B类事件。
记录C 暂时不做只记录C类事件。

执行任务前隔绝干扰源——
例如：关上办公室的门，门上挂出“请勿打扰” 的牌子，手机静音，
电脑退出会弹出新闻或广告的网页，以及微信、QQ等社交软件。

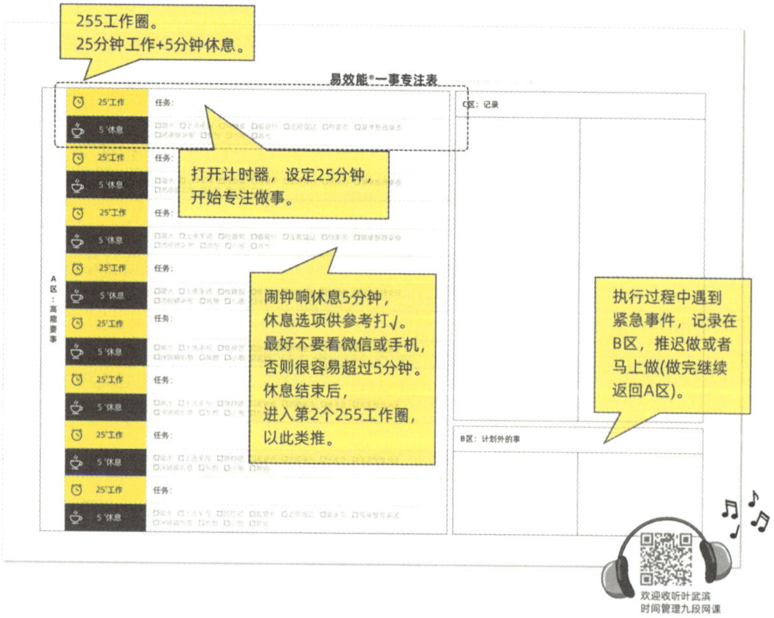

图 1.3　“一事专注法表”解读

源，例如：关上办公室的门，门上挂上请勿打扰的牌子，手机静音，电脑退出会弹出新闻或广告的网页，以及退出微信、QQ 等社交软件。同时为了执行时不被干扰，先行可以在 C 区记录一些你关注的事务。

然后你可以开始打开计时器，设定 25 分钟，并开始执行 A 类事件。闹钟一响，休息 5 分钟，最好不要看微信或者手机，否则很容易超过 5 分钟。休息结束后，你进入第二个周期，执行 A 类事件或者下一个 A 类事件。A 类事件往往是脑力劳动，一般的体力劳动就不要变成 A 类事件，同时你要选择好工作的环境，在最合适的时间来处理这类工作。

在专注地工作 25 分钟后要休息 5 分钟补充精力，很多人不知道这短短的 5 分钟能做什么，因此我们在表上给大家列举了几种休息方法，大家可以参考使用，用了后打钩就行。

接着来看 B 区“计划外的事”。这个表格就是让你用来记录突发状况的紧急事件，先记录下来这类 B 事件，然后推迟或者委托它。

最后，我们的视线看到表格右边的 C 区“记录”。在这个表格里我们可以事先记录一些自己关注的事务，或者在执行 A 类事件时，记录不是紧急的内外部干扰事件。

使用这个表格，就能帮助你养成一次只做一件事的习惯，并且逐渐培养起自己的专注力。

（示例见图 1.4）

易效能®一事专注表

A区：高能要事

25'工作	任务：在飞机上改新网课第二篇稿件
5'休息	□喝水 ☑上洗手间 □转脖颈 □看窗外 □走廊溜达 □做家务 □简单整理桌面 □闭眼睛听歌 □冥想 □小憩 □其他
25'工作	任务：……
5'休息	☑喝水 □上洗手间 □转脖颈 □看窗外 □走廊溜达 □做家务 □闭眼睛听歌 □冥想 □小憩 □其他
25'工作	任务：……
5'休息	☑喝水 □上洗手间 □转脖颈 □看窗外 □走廊溜达 □做家务 □简单整理桌面 □闭眼睛听歌 □冥想 □小憩 □其他
25'工作	任务：……
5'休息	□喝水 □上洗手间 □转脖颈 □看窗外 □走廊溜达 □做家务 □简单整理桌面 □闭眼睛听歌 ☑冥想 □小憩 □其他
25'工作	任务：……
5'休息	□喝水 □上洗手间 □转脖颈 □看窗外 □走廊溜达 □做家务 □简单整理桌面 □闭眼睛听歌 ☑冥想 □小憩 □其他
25'工作	任务：……
5'休息	□喝水 □上洗手间 □转脖颈 □看窗外 □走廊溜达 □做家务 □简单整理桌面 □闭眼睛听歌 □冥想 ☑小憩 □其他
25'工作	任务：更新商业效能课件
5'休息	□喝水 □上洗手间 ☑转脖颈 □看窗外 □走廊溜达 □做家务 □简单整理桌面 □闭眼睛听歌 □冥想 □小憩 □其他
25'工作	任务：……
5'休息	□喝水 □上洗手间 □转脖颈 ☑看窗外 □走廊溜达 □做家务 □简单整理桌面 □闭眼睛听歌 □冥想 □小憩 □其他

C区：记录

公司扩展办公室
日本开课公司签约
回复智能闹钟合同
佛罗伦萨第二场公开课
新网课大咖见证
与邓总团队沟通直播课
商业效能PPT更新
让鸿儒统计时间花费
香港小儿子换证件
外出理发

B区：计划外的事

给太太订车回深圳
买磁铁地球仪

图 1.4 “一事专注法表”示例

本书除了讲述系统的时间管理理念之外，还会给大家提供大量的实操指导，和自主研发的相关纸质表格工具，帮助大家把所学时间管理技巧落实为个人能力，所有表格工具下载后打印出来就能使用，微信扫描下方二维码（见图 1.5），获取践行工具大礼包，手机可以浏览、保存，但需要通过电脑的网页或者坚果云客户端才能下载。

图 1.5 下载表格工具的微信二维码

chapter

2

你如何过一天就会如何过一生
——如何提升 16 倍效能

我们对自己的时间乃至一生的掌控过程应该是逐层分级的，没有人能一蹴而就，只能是循序渐进地实现，所以耐心一点，我们就能品尝到甘美的智慧之果。

在上一章中我给大家详细讲解了如何做好一件事，相信你在践行时会遇到一些问题，比如在什么时间段、什么环境更容易专注？这涉及更大的范畴，比如在一天内如何高效地完成事务？

你如何过一天就会如何过一生！这一章我就来讲讲，如何过好自己的一天，让自己的效能获得16倍的提升！

经过大量的阅读研究，我总结得出一个结论：其实我们每个人每天只需要在本行业内专注地深度工作2小时，效能就能翻16倍，不出1年，你就能成为行业内的专家；不用5年，你就能成为全国范围内的行业专家；而10年累计7000多个高能专注小时，你就可以成为全球范围内的行业专家。

那么，具体怎么做？

“今日待办”是个谎言

我在很多地方谈过这个现象，很多人每天开启做事模式的第一个举动就是拿出自己的笔记本，罗列自己的“今日待办”，密密麻麻写了很多事，看着颇有成就感。

但到了晚上却睡不着了，因为事情没做完。这是不是很多人一天的写照呢？

之所以会出现这种状况，原因是“今日待办”是一个谎言。

图 2.1 今日待办是个谎言

做今日待办的人，他们的视角局限在了这一天，当关注点仅放在这 24 小时的安排上，我们就容易被视野窄、事务多、没有分类、缺乏弹性、先做简单的不做重要的事件等各种因素影响，从而让自己的计划永远赶不上变化（见图 2.1）。

那么如何逃离谎言，不再做胡子眉毛一起抓的笨事呢？

二八法则：每天聚焦 20% 的重点事件，回报惊人

1897 年意大利经济学家帕累托归纳出一个结论，即 20% 的富人拥有 80% 的财富。这描述了一种不平衡关系。我们可以计算得出，在平均财富数量和挣钱速度上，富人平均是穷人的 16 倍。

二八法则是普遍存在的规律。每一件事情，对于人生而言，价值不一，也必然呈现二八法则效应。因此，如果你每天首先聚焦对自己人生产生积极影响的 20% 的重点事件，你的人生就会提升效能 16 倍（见图 2.2）。如果聚焦 4% 的人生重点事件，则可以提升人生效能 256 倍。如果 1%，则 4096 倍（注：二八法则中聚焦 20% 事件产生 16 倍效能，聚焦 20% 事件的 20% 就是 4%，产生的是 16×16=256 倍，4% 事件的 20% 是 0.8% ≈ 1%，则效能约为 256×16=4096 倍）。其他事件可以删除、推迟、委托。

做减法，而不是加法，是人生成功的核心秘密。

我经常在我的研讨会上传递这个重要的理念，我帮助学员在 90 天里聚焦一个自己主动选择的目标，然后每天首先为这个目标做一件心甘情愿的小事，持续下来，大都取得了意想不到的成果。

图 2.2　二八法则

一位来自辽宁的学员，175 厘米的身高却有 245 斤的体重，减肥很多次都没成功过，后来在我的课上定下目标要减肥 20 斤。270 天下来，他总共减了 100 斤。再举一例，另一位学员在 18 天里成功减掉 10.2 斤……因为很多人在我的课上减肥成功，我们的机构一度差点被误认为是专业的减肥健身机构。

为什么他们能减肥成功？是因为我让他们明白了要首先专注于重要事务的意义，以及教他们掌握了列出清单，找到方法，每天持续行动的这套系统。重点是他们执行起来不困难，因为每天只需要为目标做一件心甘情愿的小事。

我在 2016 年开始做线上音频课程《叶武滨时间管理 100 讲》的时候，曾连续 100 天坚持每天早上 6：00 更新一期只有 6 分钟的节目，当我做到 40 多天的时候，这个节目就登上了喜马拉雅平台教育榜榜首，并且两年霸榜。

为什么能有这样的成绩？就是因为我对目标下了决心，每天持续做。而且只是每天一件小事，只是 6 分钟音频，简单，方便，即使我在全世界工作与旅行，也能保持每日更新。

但是，小小的持续的投入，回报惊人！节目的成功带来了滚雪球效应，带动我们的线下研讨会也扩展到全球许多城市。

“高能要事”原则：为重要的事首先留出固定的时间

我在研究实践时间管理的10余年间，阅读了国外几乎所有的时间管理相关书籍，其中“要事第一、要事优先、重要、紧急”的概念是其中非常经典且重要的理念，后来我翻查文化古籍，发现我国很多历久弥新的传统经典中早就有相应的描述，例如《大学》里提到“物有本末，事有终始，知所先后，则近道矣”。

不管是西方的“要事优先”，还是古人的“轻重缓急”，它们所包含的都是同样的时间管理的本质。

站在巨人的肩膀上，经过大量的研究实践，我提出了“高能要事”这个最新的双重核心并举的时间管理理念，并开展实践，得到了广泛认可。

所谓“高能要事”，即：我们不光是要先做重要的事，为了确保执行的高效率和成果的高质量，我们还应该在自己精力与能量最佳的时间，以及合适的空间里，去做重要的事。在我们精力不够时，可以选择放松休息来补充精力。

《刻意练习》这本书里，作者安德斯·艾利克森介绍了一个研究成果，这个成果给予了“高能要事”一个强有力的佐证。作者说：“我在研究柏林的小提琴学生时发现，最杰出和优异的学生，比普通学生平均每周多睡了 5 个小时，并且与普通学生每周花在休闲活动上的时间大致相当。唯一不同的是，最杰出的学生会把那些受到干扰最少的高效能时间留给练习。他们会固定在早上起床后练琴一小时，在午休后再练琴一小时。在每天固定的时间里做重要的事，捍卫了重要的练习日程，并且排除了干扰，于是他们成了最杰出的学生。”

曾国藩也说，早起是治家之本，每天甚至有日课 12 条。同样，这么做的还有篮球明星科比和文坛巨匠村上春树。科比的那句名言：“你知道洛杉矶早晨 4 点半的样子吗？”以及村上春树在 33 岁时决定以写小说为生后，坚持每天凌晨 4 点起床，写作 4 小时，再跑步 10 公里的生活方式，都在表达一个思想：为重要的事留出固定的时间。这样的工作模式，就是我总结的“高能要事”。

全球畅销书《能断金刚》的作者麦克·罗奇格西老师，对我“高能要事”的理念也深表赞同。获得 18 块金牌的乒乓球冠军 ××× 也评价说，在她打球的时候，如果没有超强的时间管理能力，每天 24 小时根本完成不了四五项的训练。她看到我提出的高能要事这个概念，也受益良多。

因此，为了快速地获得成果，我们就应该把那 20% 重要的事，放在这一天中自己精力最旺盛的时段去完成。

每天 2~2.5 小时的效率高峰期，是拉开与他人差距的最宝贵时间

我再来讲讲低精力对人的影响，完成这篇稿子的前几天我再次来到伦敦。

因为来过这座城市多次，下了飞机我就没有直接打车去酒店，而是与助理坐上了伦敦地铁。

因为抵达伦敦时将还傍晚，刚好可以赶上入夜休息，因此在飞机上我们就选择了只睡 4 个小时，然后吃饭、工作。受长途飞行和倒时差的影响，上了伦敦地铁时的我已经筋疲力尽，精力处于低谷。

从地铁站出来，一见到 414 路公交车我们就马上上了车，很久之后才发现方向坐反了。

所以，人在低精力的时候是没办法处理重要事情的，而高精力的时间在每一天中所占比例是非常低的。美国行为学专家丹·艾瑞里的研究显示：我们每天只有 2~2.5 小时的效率高峰期，通常是在醒后的几个小时，这是你拉开与他人差距的最宝贵时间。

如果你因为各种原因导致起床、上床睡觉没个点，那么

你的高能要事时间就一定不会是固定时段，而如果你过的是按部就班的生活，那么早上的晨间时光就是你一定不能错过的高能时刻。

我们的精力会不断地释放和补充，它是一个动态变化的过程，那么为了很好地使用它，我们就要学会张弛有度，因此我们一天的时间就可以根据精力状态不同进行安排。

例如今天我从伦敦飞往佛罗伦萨，我的安排就是：早班机上睡觉积蓄精力，抵达后坐上去比萨斜塔参观的车，在车上我就用手机联网与国内团队取得联系，在线开会部署完工作，游玩比萨斜塔结束后一个小时，我回到酒店后录制了线上音频节目。

一天下来，睡觉、工作、游玩，我一件事不落。

时间的五种分类

我连续10年每天记录统计自己的时间使用，并且在做了大量的社会教学研究后得出一个结论：优秀的时间管理者可以把一天时间分为四类：休息时间、固定日程时间、弹性事件时间、留白时间，卓越的时间管理者还会有第五类——反思时间。

1 休息时间

那些无论如何我们都必须花费的时间，例如：吃饭、睡觉和运动等等。这类时间的支出是为了维持我们最基础的生命运行能量，它的作用是补充精力、消除疲劳，这部分时间占我们时间总量的很大比例。

以一天为例，一个正常的成年人平均每天需要睡8个小时左右，加上睡前醒后的缓冲时间，他们一天花在睡眠上的时间大约在9~10个小时左右。每天三顿饭，加起来大约会花我们1~2个小时。想要身体健康身材健美，我们每天至少需要1个小时的锻炼时间。

这么算下来，一天24个小时，至少有12~13个小时是我们必须花费的休息时间，这还是比较自律的人；如果是自控力不好的朋友，作息无规律，加上睡前玩手机，早上赖床，那么一天要花费 15~16 个小时。

每天因为无序和不自律而浪费的 3~4 小时，就是时间的黑洞。

因此，想要避免时间黑洞，我们提议自己的学员要规律作息，最好做到早睡早起。古今中外的许多名人和伟人，例如曾国藩和富兰克林等，都有早睡早起的习惯，曾国藩日课中最后一条是夜不出户，富兰克林的作息则是每天晚十早五。同样，我也是一直这么要求自己的，无论在世界的哪座城市，我都会很快地把自己的作息根据当地的时间调整过来，与日同起，与月同眠。并且在早起或睡前，我还会留出 30 分钟的第五类时间，来反思过去的一天，以及计划明天要做的事。

2 固定日程时间

那些执行事先计划好的、拥有明确截止日的重要事件的时段，我们称之为固定日程时间。例如：写稿、做课件、提前定了时间的会议、与他人的约会等等。

这类时间基本上属于我们在上一章中讲到的 A 类事件。

在上一章中我讲到了我大儿子鸿儒去参加 USAP 比赛，因为他平时学业繁重没有太多时间准备，于是在赛前冲刺阶段，我们特意为他制定了一套训练计划。

本来那个时间段我们一家的原计划是去滑雪加陪伴大儿子鸿儒准备 USAP 比赛的，但是鸿儒为了准备比赛，到了滑雪场的第一天，他选择放弃了滑雪。大年初一，他用 ABC255 专注力训练法进行赛前准备。扣除固定休息时间，鸿儒一天完成了 10 个 255 高能专注时间。

一个人一天有 2-2.5 小时的效率高峰期，经过训练后，可有 4-8 小时的高能时间，但我建议你正常情况下一天控制在 2-4 小时。

所以，为有明确截止日的重要事件，留出的专门固定的时间，应该选在一天中的高能时段，并且尽可能地排除干扰，同时要保持空间的安静整洁。

3 弹性事件时间

完成那些计划内，但没有固定截止日的事件的时间，我们称之为弹性事件时间。

这类时间主要用于处理我们生活和工作中那些不太紧急的事务，处理的时间可以前后调节，但最好是提前处理。例如：订机票，虽然提前和推迟一两天差别不大，但提前处理不仅有低价票，同时也了却一桩心事，免得占据我们的思维带宽。

4 留白时间

给那些计划外的突发状况紧急事件预留出来的时间，我们称之为留白时间。一旦有紧急事件发生，我们可以在这个时间段来应对，而且还不影响我们原有计划的正常执行，所以它的意义就等于高速路上的应急车道。

这里我想要说说英国的交通。英国的乡村非常美，但路却很窄，而且车辆的通行速度都很快。英国的很多乡间公路上都有那种圆形转盘，来自四面八方的车会很自觉地等视野里转盘中没有车之后，才会进入转盘。这种通行方式看似慢，但一旦自己的车进入转盘，就无须担心其他车辆进入，可以快速通过。

这种交替有序与时空留白，有效地提高了来往车辆的通行速度和安全性，维护了“秩序”的价值。

很多时候我们满满的行程计划被打乱，就是因为没有给自己预留留白时间，以缓解意外紧急事件的冲击，导致自己的内心和行为失去了原有的秩序。

我经常做“空中飞人”，一次和阿联酋航空的空乘聊天，得知他们的排班表就严格遵循了为紧急事件留出应对时间的机制。

据说，每个空乘每月大概要飞 6 趟，公司系统会根据航线需求和人员的技能自动匹配每个人的工作，提前安排好前面 5 趟航班，最后会留有 1 趟航班不做具体航线安排，因为每个人都有可能被随时“抓”到某个航班上去为别人替班，而他们每个人都可以在起飞前的 4 小时内取消自己的工作，原因可能是生病、家里突发急事，甚至是心情不好。

当发生有人不能按时到岗的情况时，因为有这种留白机制，航空公司也能快速地调配另一个人上岗。公司运行井然有序，不受任何影响。这比起另外一家中东航空公司需要空乘员工 12 小时待飞显得更科学与人性化。

因此，我强烈建议大家不要做太满的日程计划，要给自己留出一定的空白时间以应对突发状况，这样我们就能活得更加从容淡然。

5 反思时间

为了保证计划内的事件被优先执行，我们还需要做到每日反思，保持进步。

如果你在九段的第一段位，训练自己专注做一件事，通过 25+5 的循环就可以评估。

如果你在第二段位，通过一天的五色安排，基本就可以评估自己的高能要事表现。

随着计划周期的扩张，你需要进一步引入每日反思的系统，苏格拉底说："没有反思的人生不值得过。"人对结果的创造不是一开始就能做到极致的，这是一个不断精进的过程。脑中有计划，然后行动，有了结果后，需要与计划的预期目标做对比，如果发现结果与预期有偏差，这时就需要通过反思调整计划或改进方法，然后再行动。

践行："一日五色工作法"表格解析与应用

为了让大家能够更快上手管理自己一天的事务，我们专门研发出了一个"一日五色工作法"表格（见图 2.3），你只需根据表格设置，简单填空，照章执行，就能掌控好自己的每一天。

在表格里，我们用五种不同的颜色指代上面所说的五类时间。

第一种黑色，代表黑夜。指代维持我们生命运行所需的日常休息时间，这类时间必不可少。管理它的要点就是"要规律"！作息一定要有规律，尽量养成固定作息，早睡早起比较难，但可以慢慢来。

第二种黄色，代表了阳光。指代我们每天的高能时间，想要工作出成果，人生有成就，这类时间必须用在处理重要的 A 类事务上。

第三种绿色，代表了"绿灯行"。指代我们处理弹性事件的时间。这类时间可以动态分布，在这类时间里处理的事务也是灵活多样的，而且这类事务最好是提前做完。

第四种白色，代表"留出来、空白"。指代为紧急事件留

一日五色表解读

“一日五色表”是为了让大家快速上手一天的事务，只需用做填空题的简单方式，就能掌控好自己的一天。此表也是过渡表，一般使用90天即可转到周表或五色周表继续践行。

五色时间——

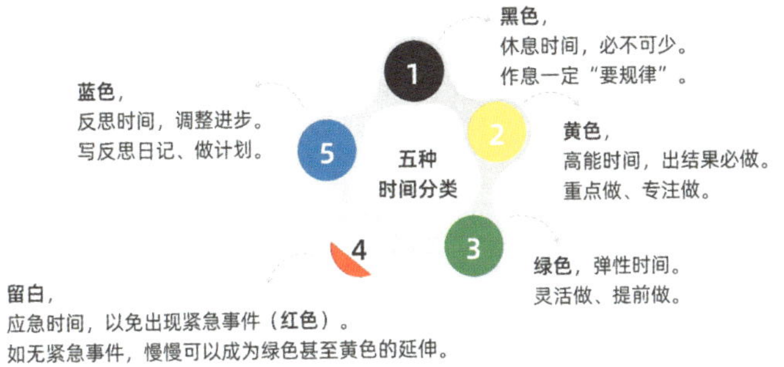

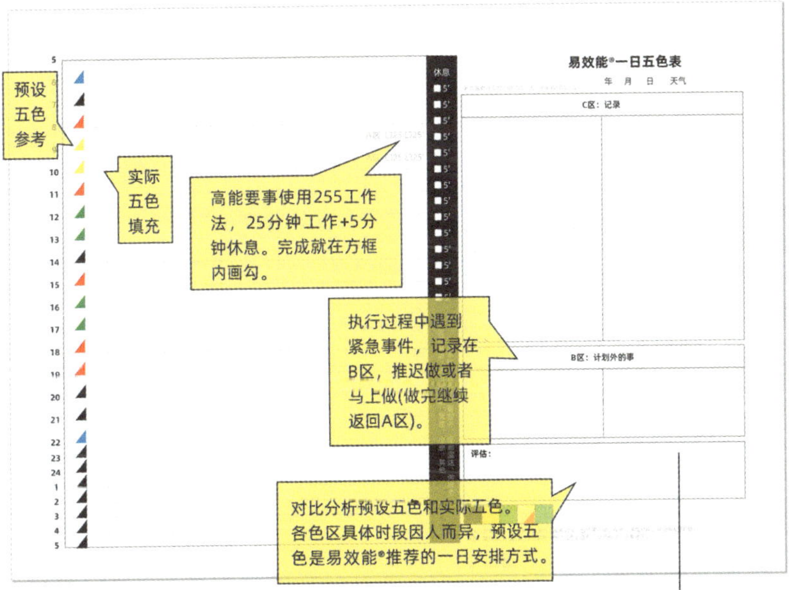

评估参考——

1、如果黑色占比很大，说明你今天休息太多。
2、如果黄色是一整块没被打碎，说明你今天很好地捍卫了自己的高能要事。
3、如果有绿色，说明你不光完成了固定日程事件，还提前完成了弹性事件，将来的紧急事务会减少。
4、如果白色被紧急事件红色占用，说明你遭遇了紧急情况，要减少它。
不过，这非常正常，你首先要保障黄色绿色被执行好，就很棒了。
5、如果有蓝色，嘉许你，你不仅很好地完成了自己一天的事务，还给自己留出了反思的时间。

图 2.3 “一日五色工作法”表解读

出的留白时间，以确保突发状况不会打乱我们原有的计划。如果你这一天没有紧急事件发生，它还可以作为你感受生活之美的休息时间，或者可以成为绿色甚至黄色的延伸。

第五种蓝色，代表“星辰大海”。指代我们用来反思和做计划，调整进步的时间。一天结束后或者新一天开始前，也就是早起睡前，花 30 分钟做新一天的计划，写反思日记。

在表格的最左边，我们预估标出了每日 1-24 小时的色块，今日需要专注执行的事件填在 A 区，计划外的紧急事件填在 B 区，需要记录下来避免自己遗忘的事件填在 C 区。

一天结束了，我们需要对自己的这一天进行评估，对 A 区、B 区、C 区内容进行分析，看看自己的时间安排是否合理，用五种颜色把这一天的时间实际使用类型在第二列标注出来，这样你就可以非常直观地看到自己这一天的时间分配是什么样的，以及合不合理。

在表格的右下方还有一栏是“评估”，专门用于记录你表格的实际使用情况，与左边的计划时间进行对比分析，以便调整改进。

如果你的表格上黑色部分占比很大，就说明你今天休息得太多；

如果黄色部分是一整块儿，没有被打碎，就说明你今天很好地维护了自己高能要事的时间；

如果表格中也出现了绿色部分，就说明你不光完成了固定日程事件，还提前完成了弹性事务，你将来的紧急事件会减少；

如果你表格中白色的部分被填红了，就代表你今天遇到了紧急事件，接下来你要想办法减少它。不过，这在时间管理的前期也很正常，你首先保证黄色和绿色被很好地执行，就很棒了；

如果表格上还出现了蓝色部分，那么我要赞扬你，你不光很好地执行了自己一天的计划，还给自己留出了反思的时间。

这里需要特别提醒的是：各个色区的具体对应时段是因人而异的，第一列是预估各时间段的颜色并填色，第二列是根据你的实际情况进行填色，当然我期待你的时间安排与我们的示范保持一致，因为这说明你基本已经过上了高效能的生活方式。

还是以我的一天为例吧。

假设这一天我有很多事情要做，那么我首先会挑出一件最重要的，需要用一整块专注时间进行处理的事情，例如：修改某期音频节目的播音稿、录音、上传，然后我就会把它填写在表格的 A 区，接着就用我们在上一章中讲到的 255 工作法去专注地执行。完成一项，就在黄色区的方框内，画一个勾。

那么在这个过程中，如果不提前准备，我们可能会遇到一些干扰，比如：公司财务突然打来电话申请某款项，自己脑子里突然想起某银行经理推荐的信用卡申请，想喝水等等。

这时，如果不是特别重要且紧急的事情，我们可以把它记录在 C 区，不做任何多余的处理，然后再次将注意力集中在手上的事务，也就是节目的稿件修改工作中来。那么像上面提到的财务打来的电话我就可以不接，或者快速地说等一下回复，然后记下“回财务电话”“办信用卡”等等，这些就是可以直接记录在 C 区的事情。至于喝水，也要记录，但是不要马上去喝，我们最好养成休息时喝水、上洗手间的习惯。

C 区就是给我们做收集记录的区域，那些干扰我们的，又不用立刻处理的事情就统统记录到这里。当然，电话微信你可以用勿扰的方式避免它，等回头再来处理也不迟。

还有一种情况，就是时间管理能力还不是特别强的朋友，一定会遇到突发状况，且是必须立即停下自己手里的工作，马上去处理的紧急事件。这时，你就需要把这件事写进表格的 B 区，在前面写上被打断的时刻。例如上面提到的财务电话，如果十分紧急，就记录在 B 区，如果是执行的情况下，可以在这件事情后面写上“b01”（01 是紧急事件的编号），时长多少，如 20 分钟。如果是不执行的情况，则推迟在其他留白时间完成。无论怎样，做记录非常关键。

（示例，见图 2.4）

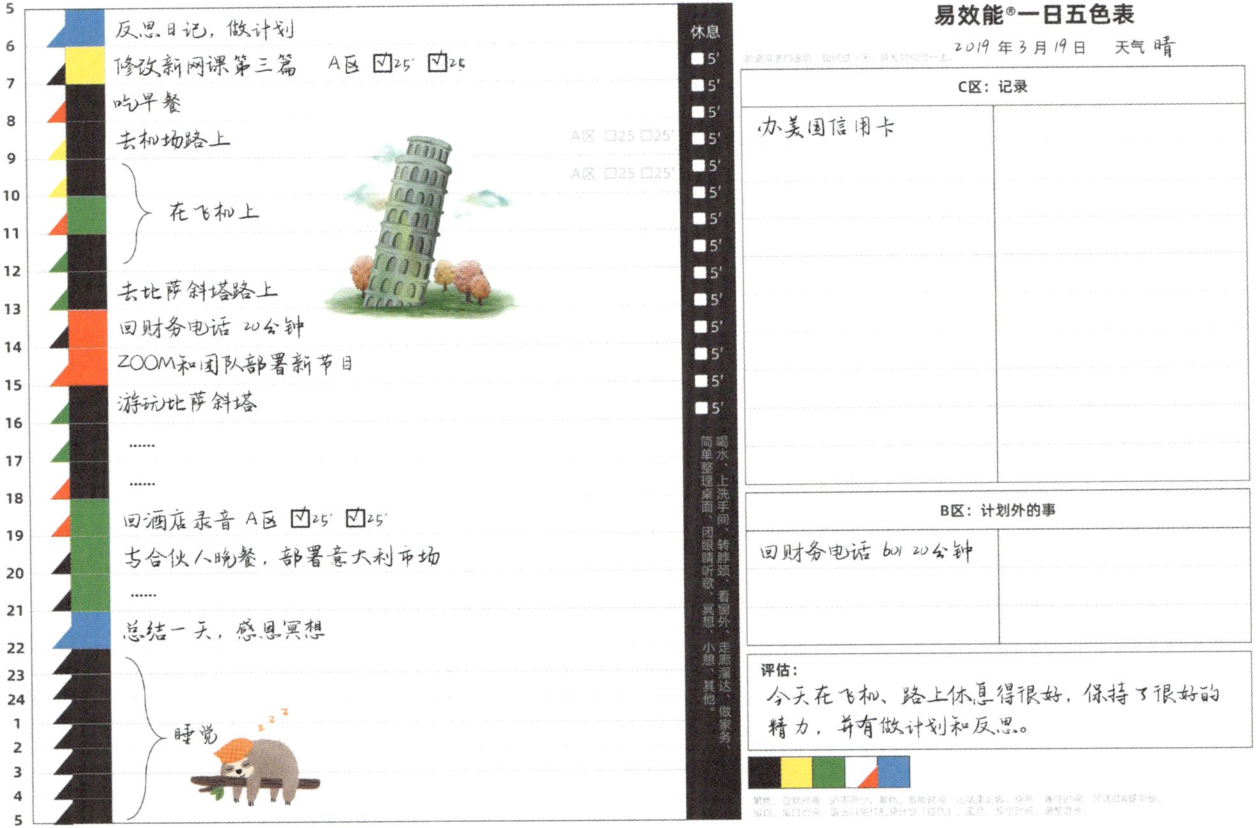
易效能®一日五色表
2019 年 3 月 19 日 天气 晴
反思日记，做计划
修改新网课第三篇 A区 ☑25′ ☑25
吃早餐
去机场路上
在飞机上
去比萨斜塔路上
回财务电话 20分钟
ZOOM和团队部署新节目
游玩比萨斜塔
……
……
回酒店录音 A区 ☑25′ ☑25′
与合伙人晚餐，部署意大利市场
……
总结一天，感恩冥想
睡觉
休息
5′
喝水、上洗手间、转脖颈、看窗外、走廊溜达、做家务、简单整理桌面、闭眼睛听歌、冥想、小憩、其他。
C区：记录
办美国信用卡
B区：计划外的事
回财务电话 60l 20分钟
评估：
今天在飞机、路上休息得很好，保持了很好的精力，并有做计划和反思。

图 2.4　一日五色表示例

这一章的内容，我深受彼得·德鲁克的时间管理论述、弗朗西斯科-西里洛的番茄工作法、戴维·艾伦的GTD工作法、博恩·崔西的青蛙理论以及史蒂芬·柯维《高效能人士的七个习惯》等理论的启发，我也推荐你们看看。我的创新是站在很多巨人的肩膀上得来的。

小知识点：反思日记如何写？

写反思日记并为新的一天做计划，可以是早上起床后，也可以是晚上睡觉前，但我更推荐在早上的晨光中写，因为早起后的时间是完全属于你的安静时间，在这个时间不会有人来打扰，你的思绪更清晰，心情更平和，反思会更深刻。

那么具体应该写些什么呢？很多人的日记记录的都是生活里的流水账，或者是满篇对生活、对社会、对老板、对另一半的抱怨和小情绪。这样的日记对我们的个人成长不具有任何价值。为了能帮助大家写出更有意义的内容，我们专门研发了一个“九宫格”（见图 2.5），你只需要按表格填空就行了。

在使用过程中有以下几点需要注意：

1. 写反思日记的基本原则是：先反思过去一天自己的得失表现，记录事实与感受；查看昨日计划的完成程度，如果已经顺利取得成果，就记录收获并嘉许自己；如果没能顺利完成，就记录事实和自己的感受，在大脑里再回顾一次，以后遇到类似的事情，自己就会知道如何改善才能靠近成功。

易效能®日反思计划九宫格

梦想	月度目标	今日要事
日志与反思	好日子	财富与事业
	地点： 日出： 日落： 天气： 温度：	
学习与效能	家庭与社交	健康与旅行

反思：

图 2.5 日反思计划九宫格

2. 想要做出科学合理可执行的“今日计划”，不能光凭感觉或者脑海里的灵光乍现，首先要查看与调整未来1~2周的日程，明确自己今天必须完成的固定日程有哪些，然后再查看自己的“弹性事务清单”，预估在完成固定日程事件后，自己还有多少时间和精力可以完成弹性事务，确定三件大事优先在高能的时刻完成，并且尽量控制在两个小时内。

3. 原则上我们要尽量推迟所有非计划内的事务，突发事件如果不是特别紧急就先记录下来，把它放入自己的计划系统如日历或弹性清单里，之后再做安排；如果突发事件非常紧急，那么尽量委托给别人处理，或者尽快完成自己当前已安排好的事务，之后再立马处理紧急事件。

4. 很多人在初期刚开始尝试写反思日记的时候可能会很花时间，“九宫格”里的某些格子你可能也不太清楚应该怎么填，遇到暂时不知道写什么内容的格子就先搁置不填，记住一个原则：“烂开始，好开展，好结果。”意思是做任何事情不要苛求有一个完美的开始，只要决定了就勇敢地行动起来，不要用“没有准备好”来给自己设限。开始之后就在不断的行动中修正改进，促进事情好好发展，最后你一定会得到一个好结果。

有“烂开始”的精神非常重要，不能因为初期理论不熟或者操作不熟，导致写日记花时间，或者不知道怎么做就放弃。

另外，如果你每天经历的事情实在太多写不完，或者因为时间不够写不完，这些都没关系，有多少时间能写多少是多少，

写不了的就在自己脑海里对照我们的九宫格，把重要的事件过一遍，也是一个反思的过程，重要的是反思得有结果。

5. 用“九宫格”写反思日记的时候，有一格是专门记录当天的日期、你所在城市日出日落的时间和天气情况等等，请你重视并详细记录自然的变化，久而久之，你就能从每天的记录中感知到大自然的运行规律，从而能够更精确地感知到时间的流动。

用这个“九宫格”写日记做计划，能够让你每天的反思和计划更高效。

最后还要强调一点，在计划确定之后，我们就需要用接下来的一天时间来执行它，在行动的层面要贯彻三个原则，让自己效能最大化：

a. 今天我有没有做要事？永远要维护“要事优先”原则！

b. 我有没有在高精力时专注地做要事？永远要执行“高能要事”原则！

c. 我有没有把重要的事做到极致？做了和做到极致是两个完全不同的概念！

我们反思过去是为了计划未来和活在当下。用好每天的24小时，掌控自己的一生才不是奢谈。早起—反思—计划—行动，当你能够熟练使用这个闭环链条之后，你就能过好自己的每一天。

今天的努力可以看清明天，今年的努力可以看清明年。如此这般，实现梦想也指日可待。平凡的每一天的努力聚焦，累积起来就是不平凡的一生。

chapter

3

学会日历神器，管理好近期 1~2 周的事件

我们很多人买了书，没时间看，或者看了但没看完，看完了也不实践，那样对自己的生活是不可能有任何改变的。我们都知道知识有用，但练习是枯燥的，想要把知识转化为能力，那就需要正确重复地练习并养成习惯。

本书的内容实战性非常强，我以我过去、现在和未来的践行经历和计划作为示范，为大家讲述最新、最系统的时间管理方法。

而你需要做的就是在每天的高能时段专注地练习（foucs），最好还能得到专家的反馈（feedback），然后不断地修正（fix），记住这刻意练习的 3F 原则，这样你才能不断升级自己时间管理的能力。

在前两章的基础上，这一章我要帮助大家扩大视角，来讲讲如何科学地管理 1~2 周的事务。其核心就是：提前抓取近期重要事务并做个分解，转为每天的行动。

合理的计划是仅安排少量重要不紧急的事件

想要管理好近期 1~2 周的事务，首先要学会使用日历这个神器。

如今时间管理的工具种类繁多：备忘录、日历、清单、闹钟、计时器、思维导图、项目管理表等等。它们各有各的功能和用处，也各具形态，有纸质的，也有电子的。其中，日历是最好用的工具，同时也是最不容易用好的工具，它的常见使用误区有：不知道在日历上记什么，上面空空如也；每天在日历上记重复的事件，要做的与不做的都记录上，事务被记得密密麻麻……

这些都是不够科学的！那么究竟日历的正确使用方法是什么样的呢？

合理的计划是仅安排少量重要不紧急的事件，对应的是前两章中讲的 A 类事件。

A 类事件，可以进一步分解为两类，从时间和日期的维度，明确时间内的必做事件和灵活时间的选做事件，即：1. 有明确起始时间和截止时间的固定日程；2. 没有严格时间要求的弹性事件。

我们用“日历”来管理固定日程，用“弹性清单”来管理弹性事件。

固定日程管理：每天都看自己的日历，远粗近细地安排事件

我们首先来讲解固定日程。

要把重要的事做好，必须具备凡事提前和抓大放小的能力。这就要求我们拥有比 24 小时更长远的视角，能够做到对各项事务提前安排并做出选择，为那些重要的事件留出时间，制定出自己的固定日程。留白可以让我们在突发计划外紧急事件时从容应对，保证计划内事件不被干扰，节奏不被打乱。不断地训练自己优先关注计划内的事件，从而获得对人生的掌控。

就好比山区县城刚修的一条低等级高速路，一般情况下它只会有 1+1 个车道：即一条正常行车道和一条紧急车道。那么，这条正常行车道就是“固定日程系统”，而那条紧急车道就是为紧急事件而预留出的“空白时间”。这条紧急车道的设置就是为了留给紧急状况发生时使用，确保就算意外发生，正常行车道上的车辆也不会产生堵塞，车辆可以按计划通行，不被紧急事件占用。

但随着车流量的增加，高速公路可能就会被拓宽成 2+1 个车道，会增加一条超车道，这是我要在下一章中讲的弹性清单系统。

同理可知，日历上只能放少量的、有明确起止时间的、真正重要的事件，必要时最好给这类事件加上地点和详细信息备注。这类事件可以是：假日旅行、陪伴家人、生日、家长会、公司会议、约会、坐飞机等等。

日历上的事件一定是要确保按计划实施并完成的重要事件，最好还要在高能时刻优先完成。这种事件一般会与多人相关，如果改动，影响面会很大。

我使用日历多年，近 5 年内的日程安排更是详细，翻回去几乎每天有记录，我有很多独家的使用秘诀。

首先，我每天都看自己的日历，年、月、周、日视角切换，甚至一天看几次，不但经常看，而且看的时候，还会在脑子里想象一遍发生时的场景。这个技巧非常重要，文字形成记忆比较难，场景、感受、声音非常有助于记忆。按照艾宾浩斯遗忘曲线，八个记忆周期后，我几乎可以记住日历上大部分的安排，并有画面感，这非常有助于重要事情的推进。

比如写稿的此刻（3 月 28 日），在我的脑中，我可以直接闪现出如下日程：上上周我在伦敦，上周一飞到佛罗伦萨，然后飞到香港，然后在深圳开总裁班，这周飞到重庆，如今飞回北京，周末和家人去香港，然后去大阪、墨尔本、迪拜和佛罗伦萨，4 月 20 日回到北京帮孩子办画展，然后是北京和广州的两期易效能时间管理线下活动，再然后是公司年度会议，接着就是五一搬家了。

其次，我很喜欢切换年、月、周、日视图，远粗近细地安排事件。看似密密麻麻的日程，好像做计划本身在浪费时间，实则这样日积月累养成习惯之后，做计划花费的时间不多，而提前部署带来的时间节约与效能提升是惊人的。

所有的高效背后都是精打细算，这样才能从容不迫

虽然我目前重点强调让你关注 1~2 周的事务，但是周表和月表、年表紧密关联，随着日期的临近，电子系统的日历、年表和月表上的事件会逐步转移到周和日表上来（其实是通过切换视图实现）。如果使用纸张日历，难免多次抄写浪费时间，要巧妙地用年表记录大事，周表记录近期更多具体的日程。纸质系统一般只用年表和周表。即使要用月表，也只记录大事。

❶ 年表

我通常会使用年表来提前计划这一年我必做的大事，也就是把这一年梦想板上的内容，如孩子的寒暑假、国家的节假日、重要家庭时光、易效能全球线下活动、易效能新网课、个人马拉松比赛、公司做公益、家庭旅行等等具体部署在日历的某个期间（从某月某日到某月某日）。

具体以我过去的 12 个月为例（见图 3.1、图 3.2），这些我都会提前 3~6 个月就开始部署并记录成跨天的长期日程。因为早做准备，结果就能一一呈现。

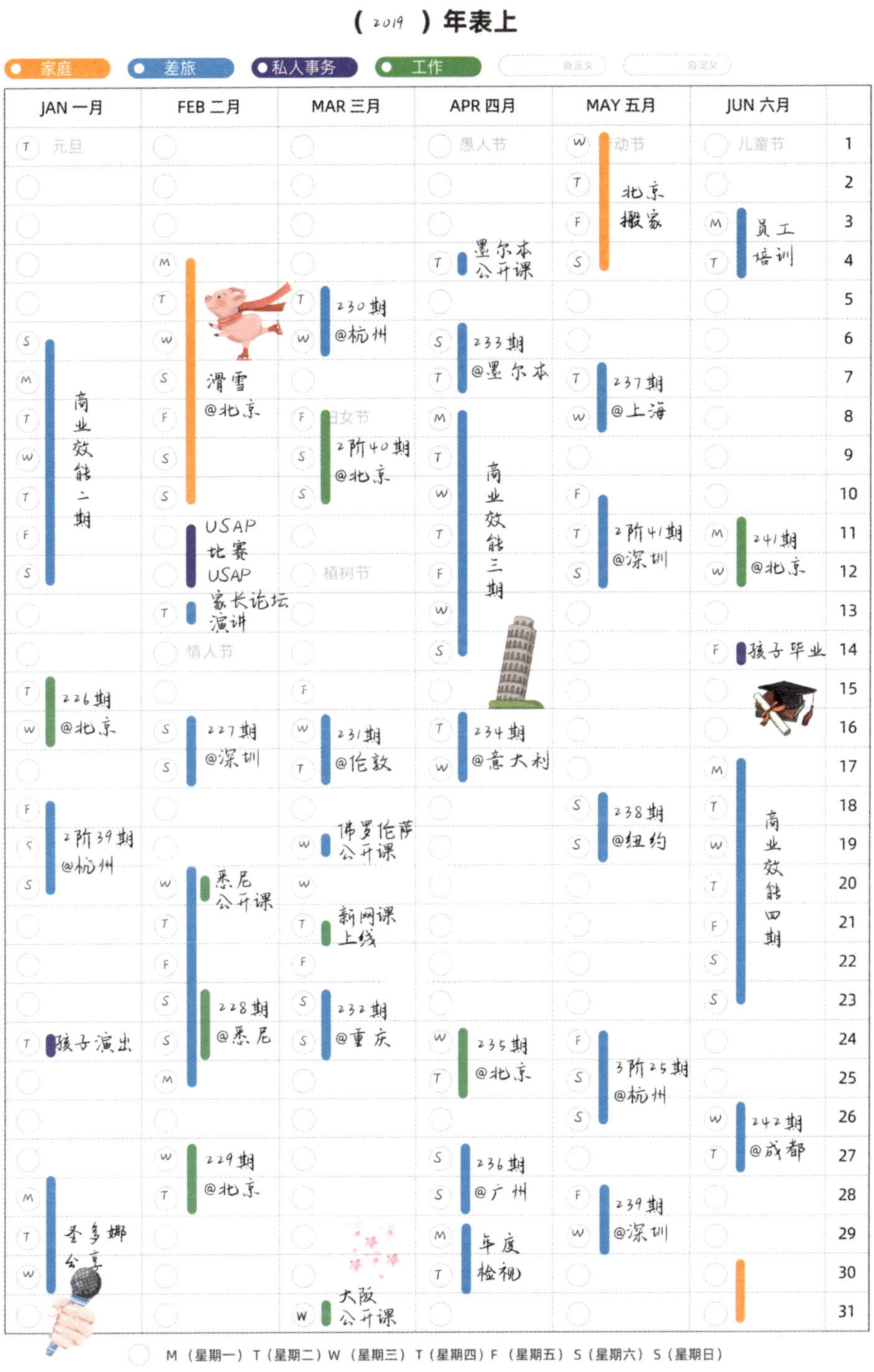
(2019) 年表上
家庭
差旅
私人事务
工作
自定义
自定义
JAN 一月
FEB 二月
MAR 三月
APR 四月
MAY 五月
JUN 六月
元旦
劳动节
儿童节
愚人节
北京搬家
员工培训
墨尔本公开课
230期 @杭州
233期 @墨尔本
滑雪 @北京
237期 @上海
商业效能二期
妇女节
2阶40期 @北京
商业效能三期
USAP比赛
2阶41期 @深圳
241期 @北京
USAP家长论坛演讲
植树节
情人节
孩子毕业
226期 @北京
227期 @深圳
231期 @伦敦
234期 @意大利
2阶39期 @杭州
佛罗伦萨公开课
238期 @纽约
商业效能四期
悉尼公开课
新网课上线
228期 @悉尼
232期 @重庆
孩子演出
235期 @北京
3阶25期 @杭州
242期 @成都
229期 @北京
236期 @广州
239期 @深圳
圣多娜分享
年度检视
大阪公开课
M（星期一）T（星期二）W（星期三）T（星期四）F（星期五）S（星期六）S（星期日）

图 3.1 年表示例一

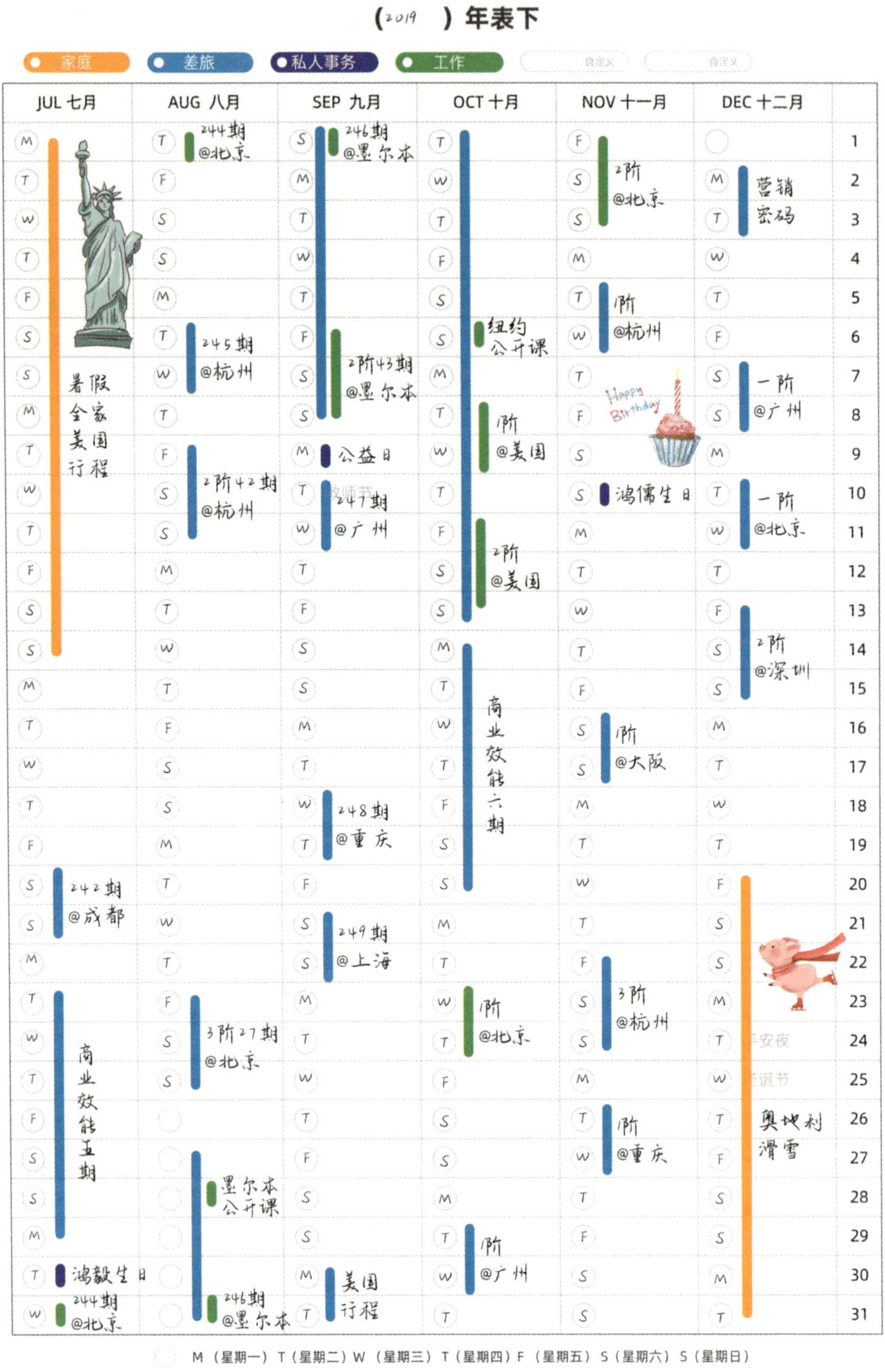
(2019) 年表下
家庭
差旅
私人事务
工作
自定义
自定义
JUL 七月
AUG 八月
SEP 九月
OCT 十月
NOV 十一月
DEC 十二月
暑假 全家 美国 行程
242期 @成都
商业效能五期
鸿毅生日
244期 @北京
244期 @北京
245期 @杭州
2阶42期 @杭州
3阶27期 @北京
墨尔本 公开课
246期 @墨尔本
246期 @墨尔本
2阶43期 @墨尔本
公益日
教师节
247期 @广州
248期 @重庆
249期 @上海
美国 行程
纽约 公开课
1阶 @美国
2阶 @美国
商业效能六期
1阶 @北京
1阶 @广州
2阶 @北京
1阶 @杭州
Happy Birthday
鸿儒生日
1阶 @大阪
3阶 @杭州
1阶 @重庆
营销 密码
一阶 @广州
一阶 @北京
2阶 @深圳
平安夜
圣诞节
奥地利 滑雪
M（星期一）T（星期二）W（星期三）T（星期四）F（星期五）S（星期六）S（星期日）

图 3.2　年表示例二

2018 年 2 月春节，我和家人去了新西兰旅行，并且顺便在奥克兰做了时间管理演讲活动；

3 月初参加了孩子的重要演出，3 月 5 日，我的新网课《叶武滨时间管理进阶》在喜马拉雅上线。同时我在澳洲悉尼和墨尔本做线下时间管理演讲活动；

4 月我和太太回老家，然后在伦敦演讲并在英国自驾旅行；

5 月 1 日我们全家去了迪拜旅行，然后我前往纽约和温哥华做时间管理的线下课程；

6 月 1 日陪孩子看演出；

7 月全家去伦敦，并在伦敦演讲；

10 月全家新加坡旅行；

11 月孩子过生日；

12 月全家去滑雪，然后我去美国演讲等等。

2019 年 1 月我重返美国圣多那授课；

2 月陪孩子滑雪、参加 USAP 比赛；

3 月我的新网课《叶武滨时间管理九段》全面上线；

7 月暑假的计划是陪孩子参加夏令营；

2020 年春节，已安排好易效能南极活动等。

更多安排就不再赘述。

为了方便管理，我还会对日程事件进行分类，按照事情的性质或参与人员身份的不同分为：生活、工作、私人等，并且还可以根据个人情况，进一步细分为家庭、孩子、父母、工作、行程、旅行、活动、个人等，同时选用不同的颜色标注。例如：家庭事件，蓝色；活动事件，黄色；总部工作，绿色；行程，浅绿色等等。

颜色可以根据自己的喜好来设置。如果是纸质日历，你可以用彩色笔在年表上涂色并标注，如果是电子日历就直接选择分类。

② 月表

事件安排近细远粗是关键原则，因此月表会比年表更精细。我一年要去很多国家和城市，日程不能太满，保留一些空白给周内的弹性事件很有必要，同时每个月还必须预留出一个周末来陪孩子和家人，一年四季因为放假会有疏密不同，错落有致。

五六年来，我总结了规律，为了如期出现在线下的课堂上和工作的高效率，我在国内都是早起坐早班机，这样不堵车，飞机也很少晚点。但国际穿梭更复杂，时差、机场、举办地，我还需要精确查询城市间是否有直飞，或者与附近举办课程的城市之间的距离、路上辗转所需时间等。

我一般会提前 1~2 个月缜密地安排机票、酒店和行程，并把飞机起飞降落的航站楼时间、酒店相关地点备注在日历上，便于查看，以及一键进行导航。

就以 2019 年 2 月和 3 月为例，见图 3.3 和图 3.4：

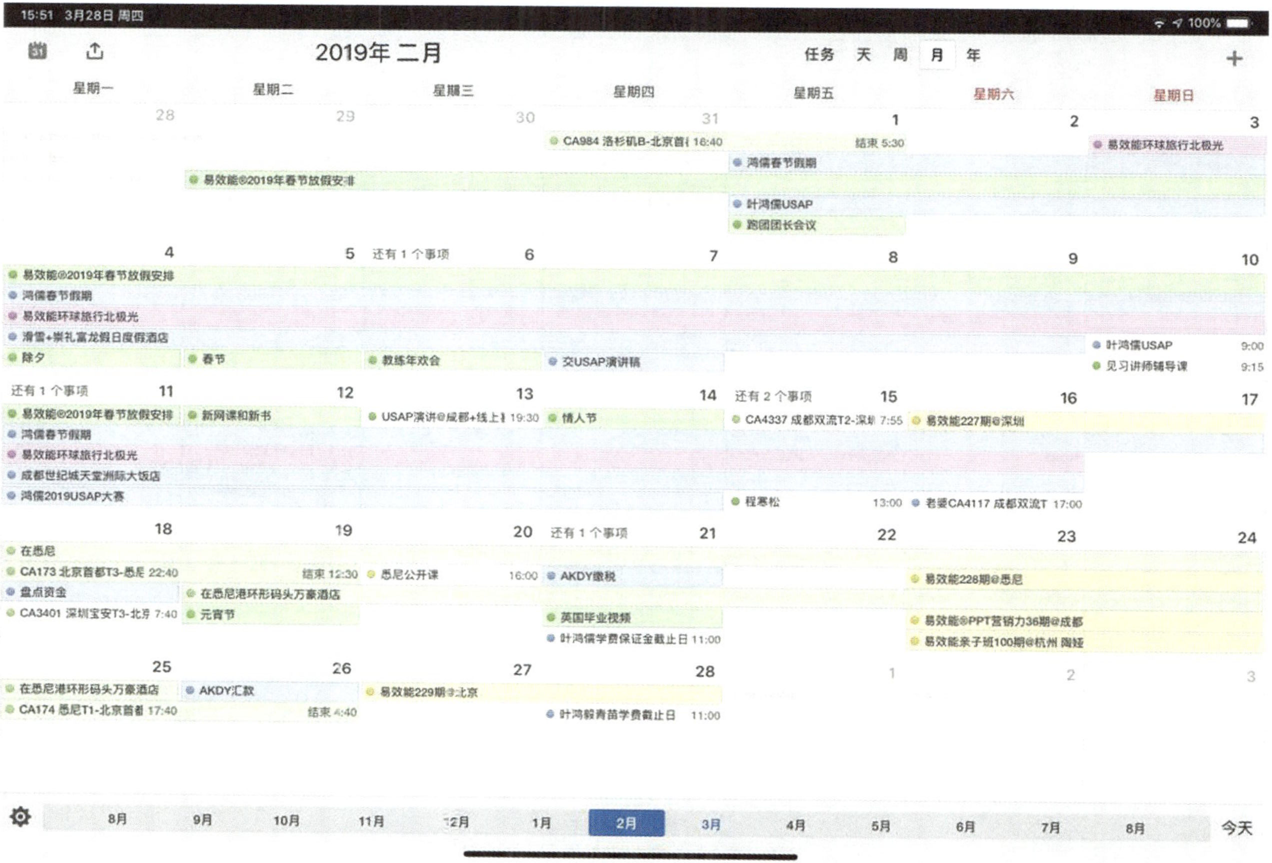
15:51 3月28日 周四
100%
2019年 二月
任务 天 周 月 年
星期一 星期二 星期三 星期四 星期五 星期六 星期日
CA984 洛杉矶B-北京首 16:40
结束 5:30
鸿儒春节假期
易效能®2019年春节放假安排
叶鸿儒USAP
跑团团长会议
易效能环球旅行北极光
还有 1 个事项
易效能®2019年春节放假安排
鸿儒春节假期
易效能环球旅行北极光
滑雪+崇礼富龙假日度假酒店
除夕
春节
教练年欢会
交USAP演讲稿
叶鸿儒USAP 9:00
见习讲师辅导课 9:15
还有 1 个事项
易效能®2019年春节放假安排
新阅读和新书
USAP演讲@成都+线上 19:30
情人节
还有 2 个事项
CA4337 成都双流T2-深圳 7:55
易效能227期@深圳
鸿儒春节假期
易效能环球旅行北极光
成都世纪城天堂洲际大饭店
鸿儒2019USAP大赛
程寒松 13:00
老婆CA4117 成都双流T 17:00
还有 1 个事项
在悉尼
CA173 北京首都T3-悉尼 22:40
结束 12:30
悉尼公开课 16:00
AKDY缴税
易效能228期@悉尼
盘点资金
在悉尼港环形码头万豪酒店
CA3401 深圳宝安T3-北京 7:40
元宵节
英国毕业视频
叶鸿儒学费保证金截止日 11:00
易效能®PPT营销力36期@成都
易效能亲子班100期@杭州 陶妊
在悉尼港环形码头万豪酒店
AKDY汇款
易效能229期@北京
CA174 悉尼T1-北京首都 17:40
结束 4:40
叶鸿毅青苗学费截止日 11:00
8月 9月 10月 11月 12月 1月 2月 3月 4月 5月 6月 7月 8月
今天

图 3.3　月表示例一

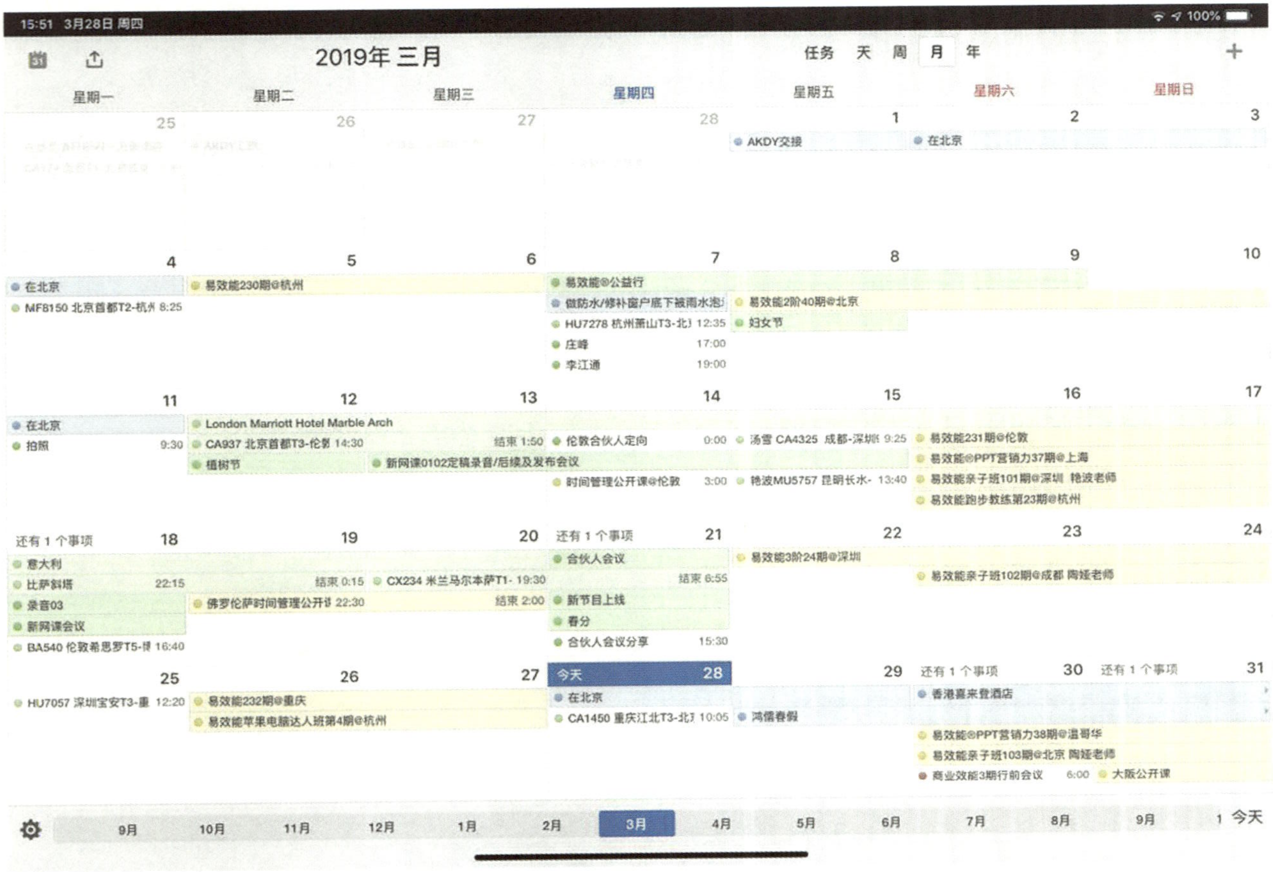
15:51 3月28日 周四
100%
2019年 三月
任务 天 周 月 年
星期一 星期二 星期三 星期四 星期五 星期六 星期日
AKDY交接
在北京
在北京
MF8150 北京首都T2-杭州 8:25
易效能230期@杭州
易效能@公益行
做防水/修补窗户底下被雨水泡
HU7278 杭州萧山T3-北 12:35
庄峰 17:00
李江通 19:00
易效能2阶40期@北京
妇女节
在北京
拍照 9:30
London Marriott Hotel Marble Arch
CA937 北京首都T3-伦敦 14:30
结束 1:50
植树节
新网课0102定稿录音/后续及发布会议
伦敦合伙人定向 0:00
时间管理公开课@伦敦 3:00
汤雪 CA4325 成都-深圳 9:25
艳波MU5757 昆明长水- 13:40
易效能231期@伦敦
易效能@PPT营销力37期@上海
易效能亲子班101期@深圳 艳波老师
易效能跑步教练第23期@杭州
还有 1 个事项
意大利
比萨斜塔 22:15
录音03
新网课会议
BA540 伦敦希思罗T5-1 16:40
结束 0:15
CX234 米兰马尔本萨T1- 19:30
佛罗伦萨时间管理公开课 22:30
结束 2:00
还有 1 个事项
合伙人会议
结束 6:55
新节目上线
春分
合伙人会议分享 15:30
易效能3阶24期@深圳
易效能亲子班102期@成都 陶娅老师
HU7057 深圳宝安T3-重 12:20
易效能232期@重庆
易效能苹果电脑达人班第4期@杭州
今天
在北京
CA1450 重庆江北T3-北 10:05
鸿儒春假
还有 1 个事项
还有 1 个事项
香港嘉来登酒店
易效能@PPT营销力38期@温哥华
易效能亲子班103期@北京 陶娅老师
商业效能3期行前会议 6:00
大阪公开课
9月 10月 11月 12月 1月 2月 3月 4月 5月 6月 7月 8月 9月
今天

图 3.4 月表示例二

2月有春节，两个孩子也放假，于是我安排了滑雪以及陪大儿子鸿儒准备USAP比赛。假期的安排我会写在“家庭事务”这个分类里，并且标成蓝色。除了休假我还要工作，因为2月是全国春节放假的特殊时期，于是这个月我只安排了3期线下活动，深圳、悉尼和北京，像这种活动事件，我习惯把它标记成金黄色。

③ 周表

我除了陪家人、开课和旅行，同时还要管理公司、审批文件、录制节目、学习成长等。于是周表承接月度表上的内容，同时留出时间给近期事件做更精细的安排，这就是周表的价值！

这个周表可以帮助我们完美地掌控未来1周的事件，它能让我们详细地安排好每一天要事的同时，还能给予我们相对宽阔的视角。

以我3月的两周为例，从3月11日到25日。参见下面3月11日至17日周表（表中时间是英国伦敦时区）、3月18日至24日周表（表中时间是意大利罗马时区）。附图（见图3.5、图3.6）提供电子日历截图，其中第二周还提供纸质日历示例（见图3.7）。

这期间我去伦敦、佛罗伦萨和深圳讲课。除了演讲、坐飞机、旅行游玩，还要在3月21日上线首发《叶武滨时间管

07:53 3月28日 周四
100%
2019年, 3月11日 - 17日（第 11 周）
任务 天 周 月 年
11 周一 12 周二 13 周三 14 周四 15 周五 16 周六 17 周日
在北京
London Marriott Hotel Marble Arch
植树节
新网课0102定稿录音/后续及发布会议
易效能231期@伦敦
易效能®PPT营销力37期@上海
易效能亲子班101期@深圳 艳波...
易效能跑步教练第23期@杭州
拍照
01:30
汤雪 CA4325...
01:25
艳波MU5757...
05:40
起飞降落时间...
CA937 北京首...
06:30
起飞降落时间...
伦敦合伙人定向
16:00
时间管理公开...
19:00
2月18日-24日 2月25日-3日 3月4日-10日 3月11日-17日 3月18日-24日 3月25日-31日 4月1日-7日 今天

图 3.5 周表示例一

08:55 3月28日 周四
100%
2019年, 3月18日 - 24日（第 12 周）
任务 天 周 月 年
18 周一
19 周二
20 周三
21 周四
22 周五
23 周六
24 周日
意大利
录音03
新网课会议
合伙人会议
新节目上线
春分
易效能3阶24期@深圳
易效能亲子班102期@成都 陶娅...
理发
合伙人会议分享
08:30
BA540 伦敦希...
09:40
起飞降落时间...
CX234 米兰马...
12:30
起飞降落时间...
Zoom新网课传...
14:00
比萨斜塔
佛罗伦萨时间...
15:30
签到时间：15:0...
课程时间：15:3...
2月25日-3日
3月4日-10日
3月11日-17日
3月18日-24日
3月25日-31日
4月1日-7日
4月8日-14日
今天

图 3.6　周表示例二

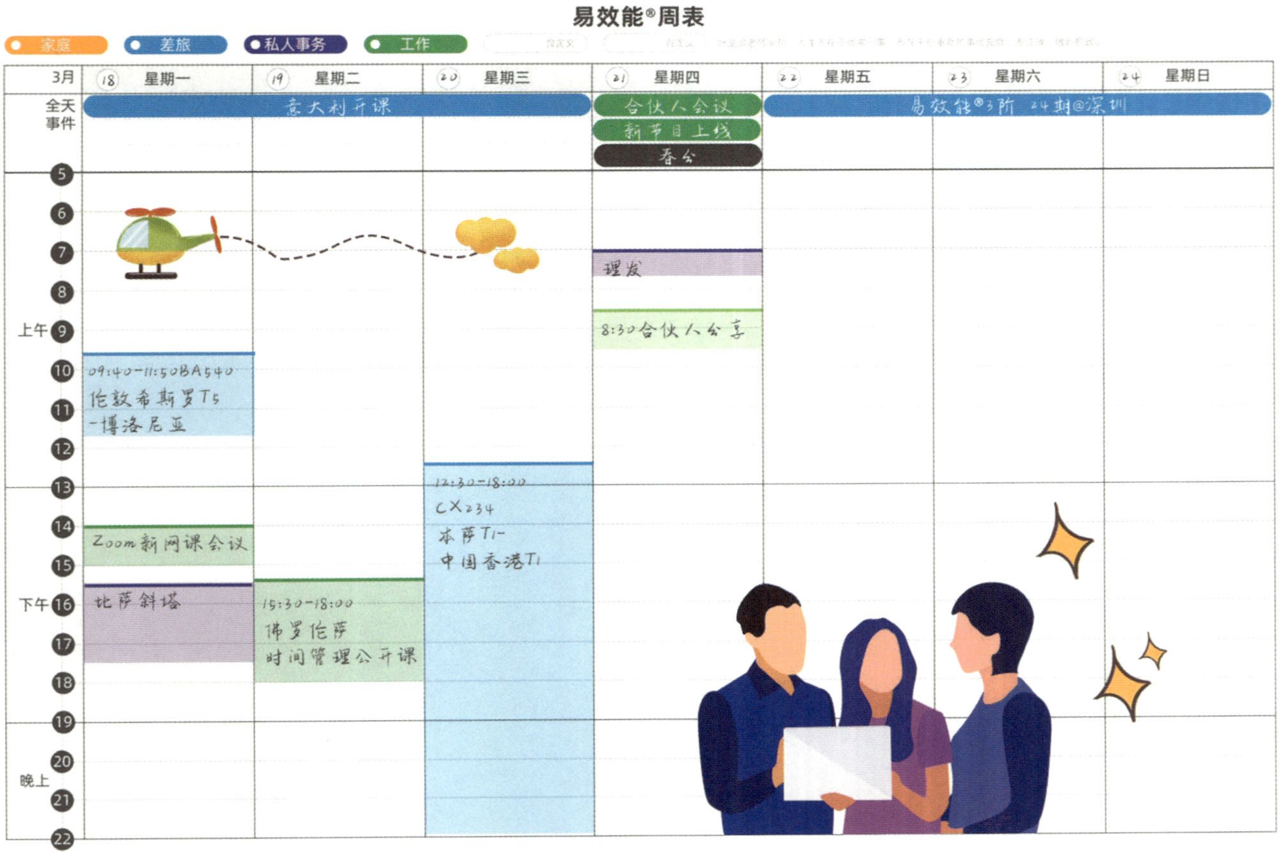
易效能®周表
家庭
差旅
私人事务
工作
3月
18 星期一
19 星期二
20 星期三
21 星期四
22 星期五
23 星期六
24 星期日
全天事件
意大利开课
合伙人会议
新节目上线
春分
易效能®3阶 24期@深圳
5
6
7
8
上午 9
10
11
12
13
14
15
下午 16
17
18
19
20
晚上
21
22
理发
8:30合伙人分享
09:40-11:50BA540
伦敦希斯罗T5
-博洛尼亚
12:30-18:00
CX234
米萨T1-
中国香港T1
Zoom新网课会议
比萨斜塔
15:30-18:00
佛罗伦萨
时间管理公开课

图 3.7　周表示例三

理九段》网课节目。

详细看这两周，我有四个活动，分别是：

3 月 13 日，伦敦两小时的公开演讲；

16 日至 17 日，周末全天正式 1 阶时间管理讲授；

19 日，佛罗伦萨两小时公开演讲；

22 日至 24 日，周末三天全天深圳 3 阶时间管理讲授。

四个活动都是提前 3 个月就排好的，这就是我这两周在这三地出差的原因，同时这也是我必须完成的固定日程。所有的高效背后都是精打细算，这样才能从容不迫。

于是，我 11 日下午 14：30 从北京起飞，12 日 17：30 抵达伦敦，与北京时差 8 个小时。那么在这两周，在 21 日节目上线之前，13、16、17 日这三天要讲课，18~24 日几乎都在路上和讲课。这样算下来，我只有有 14、15 日两个全天，以及 13 日的部分时间是空闲的。我查看了一下我的弹性清单系统，要做的事情很多：录制网课、伦敦看演出、逛博物馆、与伦敦的朋友见面等等。

其中录制网课是我今年的重要事件之一，以六种语言全球发布是我的目标。

因此我最后决定，13~15 日这两天半的空闲时间，除了讲课以及非常有必要的与当地合作伙伴的简短会议、好好休息、好好吃饭、适度运动之外，我哪儿也不去，推迟所有其他事务，集中精力把定在21日春分这天要上线的新网课的前三课内容反复打磨，并提前部署后续的课程，修改稿件，然后录制。这就是优先做对人生产生积极影响的事情。

周表很好地帮助我一目了然地掌控1~2周的固定日程，同时还可以灵活地安排好自己的弹性事件，把重要的事务摘出来提前做。

使用纸质工具的好处显而易见，有情怀、易上手，年表和周表为主，月表为辅助。初学者，会感觉纸质系统的表格会比较多。我建议，一事表用两周的时间就升级为一日表。日历用上年和周表。这样三张表解决问题。在第四章结束时，我提供周表和一日表的整合版本，这样就剩下两张表。

纸质表格的弊端也非常明显，容易散落丢失，不能与他人实时共享信息。所以，当大家能够将理念掌握后，我还是建议你升级自己的工具。电子日历可以完美并自动呈现年、月、周、日视图，非常完美。

升级你自己的电子日历

我将对苹果、安卓、微软 Windows 系统里的日历工具分别进行介绍。

一、苹果系统自带的云同步日历和配合使用的独立 App：calendars 5。

如果你用的是苹果手机，我建议你一定要下载这个 App，它有免费版和收费版。

苹果系统自带的云同步日历最有价值的功能是数据的同步、共享和备份功能。

在苹果日历上，我会把不同的事件分类共享给不同的相关人士，这个功能很好地保证了信息的实时共享，以及确保与此类事件无关的人不会被打扰。例如：家庭事件，就只需要共享给自己的家人，同事就不会接收到此类信息；工作事件，也只需共享给自己的同事，家人就不会受到这类信息的打扰。

自己同一账号下的所有设备，也能实现信息同步共享，这种多设备、多屏幕的数据共享，是它的又一大优势功能。它还能进行 App 之间的信息调用共享，有时候我们会觉得手动输入日历信息很费事，其实基于软件之间的数据共享，很多日历事件是可以系统自动加入的。例如：航旅纵横 App 上的航班信息就可以自动同步到你的日历上，并转移到相应的细致分类下，相关人士可以瞬间收到，不需要邮件或微信发来发去。

苹果日历上的备注功能也非常好用。它不仅可以输入文字内容，还可以添加访问链接！如果你输入了地点，还可以同步到你的其他设备，比如苹果手表上，这样就能直接被地图调用开启导航，实在是太方便了。

二、如果你是安卓系统的用户，除了手机自带的日历，如华为日历、Google 日历，我另外推荐 SOL 日历，SOL 日历有一大亮点——能够实现安卓与苹果系统的日历同步。比如我除了有 Macbook、ipad、两部 iphone，以及一个 Apple watch 之外，还有一部华为手机，日历信息能够在双系统多设备间同步，实在是太赞了。

三、利用 outlook 邮箱实现三大系统同步。你可以注册 outlook 邮箱，然后在苹果、安卓和 Windows 系统上进行设置。

chapter

4

弹性清单事件：
条件具备时提前批量尽快完成

写稿的此刻是 4 月 2 日。我在手表上设定了 25 分钟开始计时。上周四、五和家人在北京，周六全家飞去香港办事情，上周日我飞往大阪，下午举办公开演讲。此刻我经东京飞往墨尔本，周四在墨尔本举办时间管理公开演讲活动，周末是墨尔本 1 阶 233 期。

以上是日程事件，都是在某年某月某日或某时的必做项，我都会记录在日历上，同时一一分类、并备注具体时间和地点。此刻在手机上打开我的日历，可以看到团队和家庭的安排，一翻就是一个月，实在是方便。在时间维度上给予自己一个更宽泛的视角，凡事提前，才能做到抓大放小。

你是否开始这么做了？你是否开始记录并粗略安排你陪伴家人的时间、旅行的时间、重要的工作日程了呢？你只要一段段升级，一段段操练多次，必有大的收获，新手切勿好高骛远，咱们脚踏实地，反复练习。

言归正传，在固定日程之外是弹性清单，这是本章也即是“时间管理九段”第四段的核心。

按部就班地推进并完成日程事件，在上一章提及的两周日程里，我其实还见缝插针地做了很多弹性事务。《高效能人士的七个习惯》作者史蒂芬·柯维的比喻很赞：在时间的容器里，要先放入几个高尔夫球，然后放入大石子、小石子、沙子，再灌上水。高尔夫球指代的是人生重要梦想、目标、健康、事业、财富和项目等等，以后会涉及。日程事件是大石子，弹性清单是小石子。

为了举例，我把小石子列出来，**附上随时记录的汇总：**

新网课修改稿件

录音第五课

全家香港改机票

全家香港改酒店

与日本开课公司签约

给太太订车回深圳

美国开课场地

佛罗伦萨第二场公开演讲

看樱花

和朋友吃顿美食

回复智能闹钟合同

九段课程英文翻译团队

落实新网课大咖见证

拍照

海外开课规则会议

与邓亚萍团队沟通直播活动

香港小儿子换证件

汽车上保险

家里修防水

家里买家具

买磁铁地球仪

公司扩展办公室

测试止鼾器

测试抗噪音耳机

了解孩子学习情况

商业效能 PPT 更新安排

外出理发

干洗衬衣

要求财务整理近期报销

让鸿儒统计每天回家后的时间花费

购买 homekit 门锁

随时记录的叫作杂事，这个定义来自 GTD 理念提出者戴维·艾伦，他说“杂事不能够管理，能够管理的是行动”，上述罗列杂项的方式是很多人经常使用的形式，但其实这不是我们最终的事件执行形式。

那究竟什么才是最终的执行方式呢？下面我们就来解决这个问题。

其实上一章的日历系统和本章的弹性清单系统在时间维度上属于同一范畴，都是我们用来管理近期两周内的事务。

与日历上的固定日程不同，弹性清单是用来管理需要在两周内灵活地根据时间、空间、自己的精力和他人的配合状况，来批量完成或委托给他人处理的事件，这类事件只要时机与条件允许，就要选择将其中重要紧急的尽快完成。

举个例子，你可以在刚刚罗列的清单中看到，修改稿件就是我的当务之急，而且是在当前情境下可以执行的一项弹性事务。

其实，从刚才打开印象笔记、调出本篇稿件修改到这里，第一个25分钟计时器就响了，我简单浏览了以上的内容，然后5分钟的休息时间里，我闭目养神，还去了洗手间。现在开始第二个25分钟计时。我是在手表上设置了日历和计时器，给大家看看界面（见图4.1）。

手表界面，中间是日历，左下是今天的目的地墨尔本时间，中下是计时器，右下是录音键。可以看到，我此刻是在飞往墨尔本的飞机上，滚动条可以看到进度。今天几乎算是包机，机舱内很空。所以我将一个座位用来工作，另一个座位放平方便小憩。我打算一直以“255高能要事”的方式工作到墨尔本。

图 4.1 手表日历和计时器

高能是因为我上飞机前睡足吃饱了，也不能再睡了，因为晚上到墨尔本还要以当地时间入睡。要事是除了固定日程事件外，写稿录音是本周的要事，越快做完越好。

因此，我根据事件的重要程度进行排序执行，先完成重要的，然后是次要的。承诺一定在某时完成的是日历事件，这种事件相对较少，完成后可以做更多的弹性清单事件。

如果刚开始你还没有把日历用好，那么我不建议你直接开始用弹性清单，因为你很可能用着用着就掉进了“今日待办”的陷阱里去了。

所谓今日待办，是在你的心里，一开始就默认写出来的必须要今天完成的事情，我称之为进入“时间流”，这是压力的来源。如果你没有深刻理解二八法则里关于只做、先做要事就会产生16倍效能的信念，事务繁多、眉毛胡子一把抓，一天下来必然做不完，你就会产生不自信的感觉，觉得做计划没用，形成焦虑的恶性循环。

解决的方法是扩展视角到两周，一定要先用好日历，然后才是弹性清单。这叫“保持严谨而不失弹性”。每两周为一个周期是我的习惯，有足够的提前弹性，你可以根据自己的实际情况来修改周期长短。

什么叫执行闭环系统？

想要在一个期间提高效率，你还需要用流程来管理自己的事件，第一、第二段位的执行流程被我简化了，便于初学者上手，就叫作 ABC 类事项。其实这个流程是：记录—排程—执行，是我们经典的执行闭环系统。

关于这节我主要讲两个部分的内容：1. 记录—排程—执行系统；2.“T/STEP”执行法则。

1 记录—排程—执行系统

这是一个闭环循环系统，你可以先执行，再记录，然后排程；或者先记录，再排程，最后执行。

举例：如果你现在正在做一件事，突然有一个意外事件发生，这时你就可以做好记录，然后继续专注执行计划内的事务，等完成后，再来看所记录的事务，并把它进行排程成为计划。

执行，强调的是执行计划内事务，活在当下，实现高能要事。

记录，是为了排除干扰。

排程，则是分清轻重缓急，以便于制定计划。

为什么流程里要有记录这一环节？俗话说，好记性不如烂笔头。大脑的特性，总结来说，念头无穷，注意力有限，容易遗忘，需要反复才能牢记。而遗忘会令我们产生焦虑。因此，需要靠外在工具来记录，以便排除未完成事务对大脑的干扰。

有内部和外部的干扰，要随时记录、主动批量记录，这里把握四个原则：一切、快速、手边、可靠。即把一切事务赶出大脑，大脑是 CPU 不是硬盘；要快速地记录而不是花很长时间去记录，这样就能专注于当下了，即使是批量事务也要快速记录；手边要有工具且工具要可靠并熟练掌握，纸笔虽然方便但不好携带，电子工具比较好，备忘录、各类清单 App，甚至录音功能的使用，比如智能手表。初期可以使用纸笔，在我提供的 ABC255 工作法表格、一日五色工作法表以及本节提供的模板中的 B 区 C 区，就是用来记录的。

每天早晚必须抽出时间做反思计划，进行排程，清空你的事件收件箱（事务的记录器，在此统称收件箱）。当你有空时，就可以排程。排程的目的是做减法、分类，形成计划内的固定日程和弹性清单。核心秘诀是：3 问、4D、两分类。

3 问的核心是运用全脑规划法（见图 4.2），即右脑想象和左脑思考的能力，对一件事情进行分解、转为行动。这个方法非常重要，有助于对重要事务进行筛选并形成大脑的深刻记忆。第一问：要不要做？回答是不做的删除，暂时不做的推迟；回答是“要做”的进行第二问：想象中的成果会是怎么样？第三问：我第一步要做什么？往往简单的第一步有助于事情被拖延者推进，不用全部都列出来，对于拖延者来说，列出来那么多不执行没有意义。如果是高效的执行者，可以全部列出来，这样的方法多用在大事情如项目上。把一件杂事转换为行动，比如，记录的杂事“上保险”，转换为行动，就是“我打电话给李经理咨询保险价格”。

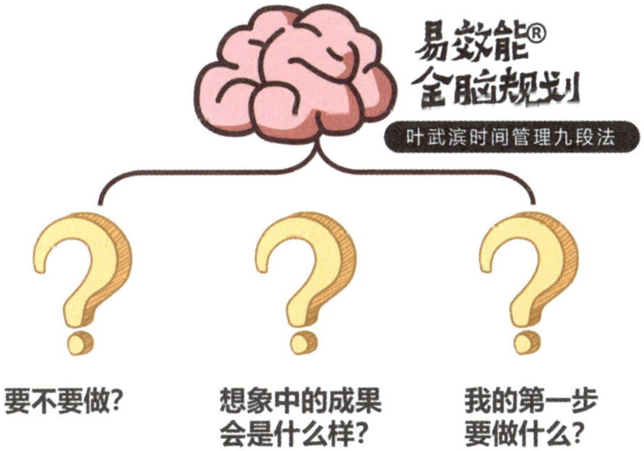

图 4.2　全脑规划法

4D 就是删除（Delete）、推迟（Delay）、委托（Delegate）、做（Do）。基于二八法则，聚焦才会产生更大的效能。排程则是删除一部分，推迟一部分，委托一部分。留下来的就是既重要又紧急的事件啦，或者把重要不紧急的转化为重要紧急的事件，统称就是计划内要执行的事件。**这里的紧急是计划内紧急，和之前计划外紧急 B 类事件不是一回事。**

所谓的两分类，是指计划内事务，再分解进入日历事件和弹性清单事件。

重点是放弃不重要的，推迟相对重要的。举个例子，多年前有员工和我说，某某大企业愿意按人付费让我做内训，我拒绝了。因为我的人生使命是影响一亿人，我寻找的是愿意主动付费来学的，不是老板付款、员工被动来学的。只有主动来学的学习效果最好，我也便于检验成果。即便是内训的学员可以学习得很好，那下一步呢，继续做内训？然后我就成为内训讲师啦，这不是我想要的。我当时就下决心只做面向社会大众的咨询辅导，因为传播面广，影响力大。

那么接下来就进入了“执行”层面，在执行的过程中我们会有两种事：计划内和计划外。

计划内重要紧急的就是原先定好的日历事件，无论如何我们首先要保证完成它；再有就是不受时间严格约束的事件，相对不紧急可以适度灵活推后、也可以提前完成的弹性清单事件，也就是我在上一章中讲到的“超车道”。

计划外紧急就是突发状况，这类事件的处理就需要用到我们之前提到过的、专门为它留出的“空白时间”。

2 “T/STEP”标签和弹性清单

我国的典籍中记载，制胜的要诀是顺势而为，掌控时机，要有天时、地利、人和，翻译成现代执行语言就是：**在对的时间、对的空间，做对的事。**这套与之相应的执行法则叫“T/STEP”（见图 4.3），其中：

图 4.3 T/STEP 图

第一个 T，是 Time 的首字母，代表时间；

S，是 Space 的首字母，代表空间；

T，是 Tool 的首字母，代表工具；

E，是 Energy 的首字母，代表精力和能量；

P，是 People 的首字母，代表自我和他人，一件事情的参与人员。

只有当我们能感知到自己身处的情境，才能感觉自己真切地活在当下，同时完成相应可以完成的事务。

例如乘坐飞机有时候会遇上航班晚点，在外就餐时等菜上桌，或者需要等人，这些突然空出来的时间我就可以做各种各样的安排。例如小憩一会儿，或者拿出书阅读几页，当然我还可以翻出自己的电话清单，把安排好的重要紧急电话打几个，或者发发朋友圈。

所以你会发现，在不同的时间、空间，运用你现有的工具，根据你当下的精力状态，有些事你可以做，有些事你就做不了，就像精力状态好时你可以给别人拨一个电话，商讨一些事务，但如果手机没电或者信号不好时，你就只能闭目养神或者安静地看会儿书了。

弹性清单上的事件有一定的灵活性，但我还是建议大家要养成“**条件具备时凡事提前批量尽快完成**”的好习惯，记住这个原则，好处实在太多。就以我订机票为例：一般我的机票会提前 1~2 个月就订好，这样做有 4 个明显的好处：有票、便宜、了却一件心事、可批量操作。

再举一个例子，我经常过安检，需要买一个不会被拖坏的弹道尼龙包，比如 TUMI（途明）包，我不是很着急，因此将这件事加入清单：

买 TUMI 包 @ 香港

去年有一次在香港转机时，我发现那里的 TUMI 店正在装修，没买成，那时我估计我再来香港要过一段时间，因此我修改清单为：

买 TUMI 包 @ 香港伦敦悉尼纽约温哥华

新增的这些地方都可以买，和日期没关系，碰到就买。后来，我就在温哥华买到了，弹性清单上打钩完成。

“T/STEP”法则，其中 T 优先级最高，就是日历事件。如果 T 优先级下降，STEP 要素建构的就是弹性清单。我们不要让过多的事务进入时间流，即安排时间要求严格的事务成为日历事件，要尽可能运用“STEP”标签法安排事务。

按照这个原则，你要把弹性清单进一步按照 STEP 来分解，具体可以分解为各种子清单，例如分为 S 空间类：在家、办公室、外出。我经常乘国际航班往返，去旅行或工作，因此还会建立常去地的清单，如外出北京、深圳、伦敦、悉尼等等。例如，当我在北京时，有朋友约我去她墨尔本的家。我就写上：

白金卡 jasmin 见面 @ 墨尔本

到墨尔本之前，提前和对方确定，然后就可以转化并记录为日历事件。当然并不是所有的弹性事件都要转化，有的直接就可以完成。

T 工具类：智能设备，包括电脑、智能手机可以处理的事务，还有最常用的电话清单；E：精力或能量，分为高能和低精力；P：委托等待，可以进一步按委托人来划分的子清单。值得注意的是，STEP 标签是多维度的，目的是分类和方便执行时查阅。一件事情可以多标签，这也是核心秘诀。

组织归纳整理，可以大大提升效率

为了便于你理解，我把开篇的事务，全部转为弹性子清单供你参考。

当然如此系统复杂的分类，不适合初学者。初学者不分类或者暂时接受不完美，当你的段位提升之后，就可以逐步完善，实现“日理万机”。

清单系统便于管理多标签事务，纸质系统可以按照本文的罗列法或者模版中的表格法来呈现。这里使用罗列法。对照上面列出的杂事，你会发现这些**事务被转化为行动格式，**并按照 STEP 子类别归类，记录时主语往往省略。

新网课修改稿件第五课 @ 智能设备
录音第五课 @ 智能设备 @ 高能
~~给太太订车回深圳 @ 智能设备~~
~~买磁铁地球仪做礼物 @ 智能设备~~

~~与 ××× 团队沟通直播活动 @ 电话~~
~~全家香港行程改机票提前一天 @ 电话~~

~~全家香港行程改酒店提前一天 @ 电话~~

~~要求财务整理近期报销 @ 电话 @ 委托余婷婷~~

~~联系九段节目英文翻译团队 @ 电话~~

~~落实新网课大咖见证录音 @ 电话~~

~~商业效能 PPT 更新安排 @ 电话~~

~~公司扩展办公室 @ 委托刘永巴~~

~~把公司鸿儒的画寄回北京参展 @ 委托刘永巴~~

~~把澳洲电话卡、新信用卡带到迪拜 @ 委托刘永巴 @ 迪拜~~

~~购买第四代止鼾眼罩带到迪拜 @ 委托刘永巴 @ 迪拜~~

~~购买 homekit 门锁并安排安装 @ 委托刘永巴~~

~~研究最新智能控制 @ 智能设备~~

购买智能设备并测试 @ 电话 @ 刘永巴

~~日本公司签约 @ 委托亚亚~~

~~美国活动场地 @ 委托亚亚~~

~~确定佛罗伦萨第二场公开课 @ 委托亚亚~~

~~回复智能闹钟合同 @ 委托李国栋~~

~~香港小儿子换证件预约 @ 委托太太和香港朋友~~

~~汽车上保险 @ 电话 @ 委托太太~~

~~家里修防水 @ 委托太太~~

~~家里买家具 @ 委托太太~~

~~蜂巢取快递 @ 电话 @ 委托太太~~

~~打电话干洗衬衣 @ 电话 @ 在家 @ 委托阿姨~~

~~大阪一日游京都看樱花 @ 日历 0401~~

~~海外活动规则会议 @ 日历~~

~~和朋友吃顿美食 @ 日历 0401~~

~~让员工安排拍照 @ 外出北京 @ 电话~~

~~外出理发 @ 外出~~

~~测试止鼾器 @ 在家~~

~~测试抗噪音耳机 @ 在家~~

根据成绩单和孩子沟通提升之处 @ 在家

让鸿儒统计每天回家后的时间花费 @ 在家

我一一列出来，大家看看，是不是整齐多了，如果你用表格填写，就可以**按照 STEP 子类别归类排序**，例如电话清单，有空就打了。

~~全家香港行程改机票提前一天 @ 电话~~

~~全家香港行程改酒店提前一天 @ 电话~~

~~要求财务整理近期报销 @ 电话~~

~~联系九段节目英文翻译团队 @ 电话~~

~~落实新网课大咖见证 @ 电话~~

~~与 ××× 团队沟通直播活动 @ 电话~~

~~商业效能 PPT 更新安排 @ 电话 @ 张萍~~

购买智能设备并测试 @ 电话 @ 刘永巴

汽车上保险 @ 电话 @ 委托太太

蜂巢取快递 @ 电话 @ 委托太太

其实截至目前，以上大部分事务，我都在去机场的路上、旅行路上、等人期间完成了。画线的部分就是已完成的。

你可能会发现，大量的事件被我委托了。是的，你要慢慢把自己的事务通过专业的团队、第三方的外包专业化完成。千万不要说，没有资源和金钱可以雇佣外包，管理很难不如自己做。你无法专业地做好每一件事情，但你**可以组合所有优势去完成一件事情，然后把创造的价值分配给相应的链条环节。**也不要说，你没有那么多的事情，你可以挑战更大的目标，同时把现有的事情做到极致。

同时，不要忘记与家人建立良好的情感，发挥彼此优势、相互委托，家更是一个团队，而且是人生最重要的团队。我非常感谢我有可以照顾好自己的父母，一位好太太和逐步自立的两个孩子，以及我可靠的团队。

即使可以委托与管理，一切的前提仍是记录与清晰的排程。

通过三个闭环流程“记录—排程—执行”来处理大量事务，

关键核心是执行时，先做计划内，留白计划外紧急，即“做A推迟B记录C”。

记录是为了清空大脑和排除干扰，早晚排程运用三问、4D和两大分类思维，进行计划内安排。到了“时间管理九段”的第四段，A类事件就分为两大类即A1日历和A2弹性清单。从此你的效能高速公路分为中间车道A1固定日程，时间到了按部就班进行；左边超车道A2弹性清单，条件具备时凡事提前批量尽快完成；右边紧急车道留白预防B类事件。

实践一：A4 纸工作法的应用与解析

清单工具同样给大家推荐两种：纸质的 A4 纸工作法、电子工具苹果系统的 OmniFocus 以及安卓系统的奇妙清单。

首先，我们来讲讲 A4 纸工作法 3.0，如图 4.4。

周度事件的表格，包含一张“时间管理九段”第三段的日历周表，另一张是第四段的弹性清单 A4 纸工作法 3.0。可以把这两张表在同一张纸的正反面打印出来。本章节后，附上融合周表和一日五色表的五色周表作为正面，A4 纸工作法 3.0 作为反面，注意打印方向和翻转方向一致。**严谨的做法，是日程和弹性清单两张表要分开！**因为日程事件是按照时间流进行的，每周进行归档。弹性清单按照情景流进行，并不是一周用一张，而是写不下就补充新的一张，全部做完就归档。

在 A4 纸工作表 3.0 弹性清单中，最左边的是收件箱，记录 C 类事件。收件箱与行动描述之间还有一列，是标记符号。结合全脑规划法的三问，如果这件事情是可以删除的，就在这个序列中打个 ×，如果这件事还没有考虑好，或者暂时没时间管它，就加上推迟的符号右箭头（→）。

如果这件事情是重要紧急、需要马上做的，我们进入下一

A4纸工作法3.0解读

“A4纸工作法”承接月表内容，对接两周内的弹性事件。

执行时，要先看周表完成日历事件后，再看A4纸工作法。
弹性事件不一定要马上完成，而是要根据STEP状态灵活、批量完成或委托。
且不局限在今天24小时里，今天做不了，明天做也行，
只要符合时机与条件，尽早完成。

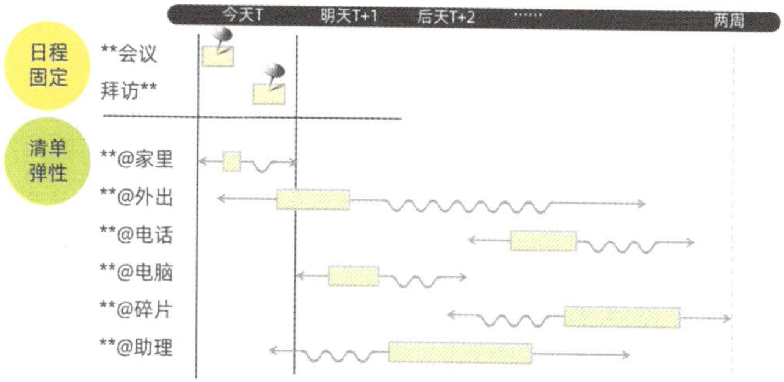

STEP分别是空间Space、工具Tool、精力能量Energy和他人配合People的首字母缩写
即“天时、地利、人和”，在对的时间，对的空间，与对的人做对的事。

日历事件是按照时间流进行，每周进行归档。
弹性事件是按照情景流进行，并不是一周用一张，而是写完就补充一张新的，全部做完归档。

绿色时间往往对应的是弹性事件。

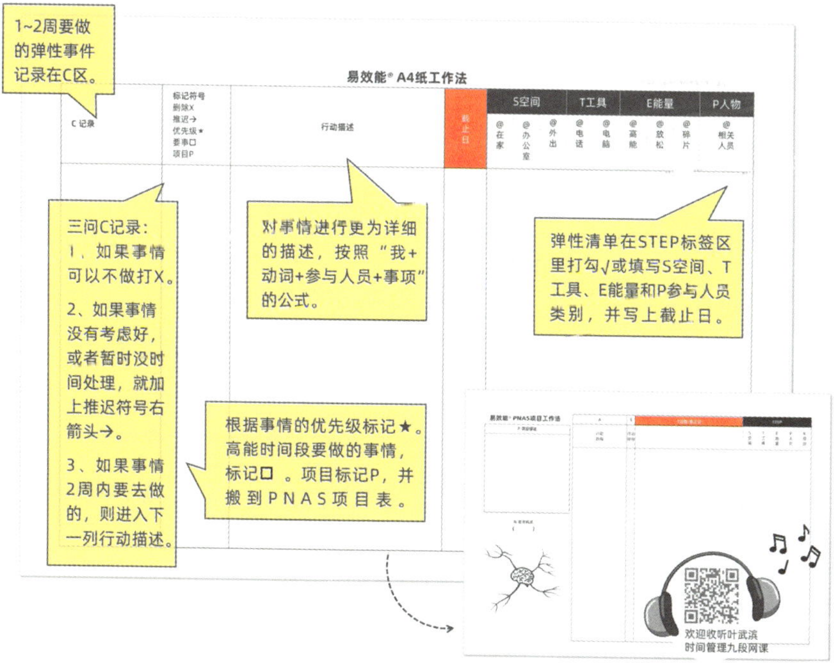

图 4.4　A4 纸工作法 3.0 解读

列“行动描述”，对事项要进行更为详细的描述，按照“我+动词+参与人员+事项”的公式进行描述。根据分类，分别填入“日历周表”或“弹性清单”中。日历事件和弹性清单是“或”的关系，即这件事不是日历事件就是弹性事件。

如果一件事情是日历事件，就写在日历中。A4 纸 3.0 版上的事件，你可以对事情进行编码备注，进入日历周表，省去抄写的环节。如果是弹性清单，就在 STEP 标签区里面打钩或填写信息，我们提供了常见的 S 空间、T 工具、E 能量和 P 参与人员类别的常见细分。如果这件事一定要截止某天前完成的话，进行相应的备注。最后，如果这件事非常重要，我们在标记符号这一列标记上★。如果是高能期间要做的事情，我们标记□，需要在五色日表中去完成。后面我们还会讲到项目，如果是项目事项，则可以标记 P，然后用项目 A4 纸工作法。

以上步骤就是记录和排程，记录我们随时做或者批量做，排程一天早或晚各做一次。执行时，先看日历，完成日历事件后，再根据情境流在弹性清单中找事情做。

建议你拿到这个 3.0 模版后打印出来，先尝试使用 3 个月。

其次，对电子工具做个说明，我推荐：苹果平台的 OmniFocus 和安卓平台的奇妙清单，当然还有很多类似工具。工具不是主角，它只是我们用来落地时间管理理念的必要组成部分，所以我希望大家在使用的过程中，对工具不熟悉的朋友，可以先用纸张系统。(示例，如图 4.5)

易效能® A4纸工作法

C记录	标记符号 删除X 推迟→ 优先级★ 要事□ 项目P	行动描述	截止日	S空间 @在家	S空间 @办公室	S空间 @外出	T工具 @电话	T工具 @电脑	E能量 @高能	E能量 @放松	E能量 @碎片	P人物 @相关人员
新网课修改稿件	□	修改新网课稿件第五课	3.13					√	√			
录音新课	□	录音第五课	3.14						√			
给太太订车		给太太订车回深圳					√				√	
地球仪礼物		买地球仪做礼物				√						
邓总团队合作		与邓总团队沟通直播课程										
财务报销		委托财务整理近期的报销					√					余婷婷
九段英文翻译		联系九段课程英文翻译团队					√					陈康团队
新课大咖见证		落实新网课大咖见证录音	3.14				√					
商业效能PPT	★	联系商业效能PPT更新					√					Sophie老师
公司扩办公室	P	委托永巴扩展公司办公室					√					
日本开课签约		委托亚亚日本开课公司签约					√					
买家具		委托太太给家里买家具		√								
干洗衬衣		委托阿姨干洗衬衣										
拍照		委托员工安排拍照										丁山
沟通孩子成绩		根据成绩单和孩子沟通提升之处		√								
回复智能闹钟合同	→	委托李国栋回复智能闹钟合同					√					

图 4.5　A4 纸工作法示例

实践二：五色周表应用与解析

五色周表（见图 4.6）融合了日历周表、一日五色表和 A4 纸工作法的各种特点。

运用这个周表，你能够轻松掌控一周内的事件，从掌控一天过渡到轻松执行 1~2 周的计划，稳步提升计划力、执行力、反思力。

五色周表有正反两面，一周只用一张表。

那么五色周表究竟应该怎么填呢？

我会先把这一周有明确起始截止时间的固定日程，填写在周表上面的全天事件或是对应时间段中。比如，5 月 28、29 日我在深圳有两个全天的线下活动。于是 27 日早班飞机我从杭州飞往深圳。这个固定日程是与工作相关的，因此我用绿色笔将整个格子涂满。

接下来，我会把这一周计划要做的弹性事件记录到 C 区。并且对记录下来的事件进行三问，如果这件事是可以不做的，就在这个序列中打个 ×；

如果这件事我还没有考虑好，或者暂时没时间管它，就在这个序列中打个右箭头符号，表示推迟；

五色周表解读

它融合一事专注、一日五色表、周表和A4纸工作法，分正反两面。
反面其实就是A4纸工作法3.0。

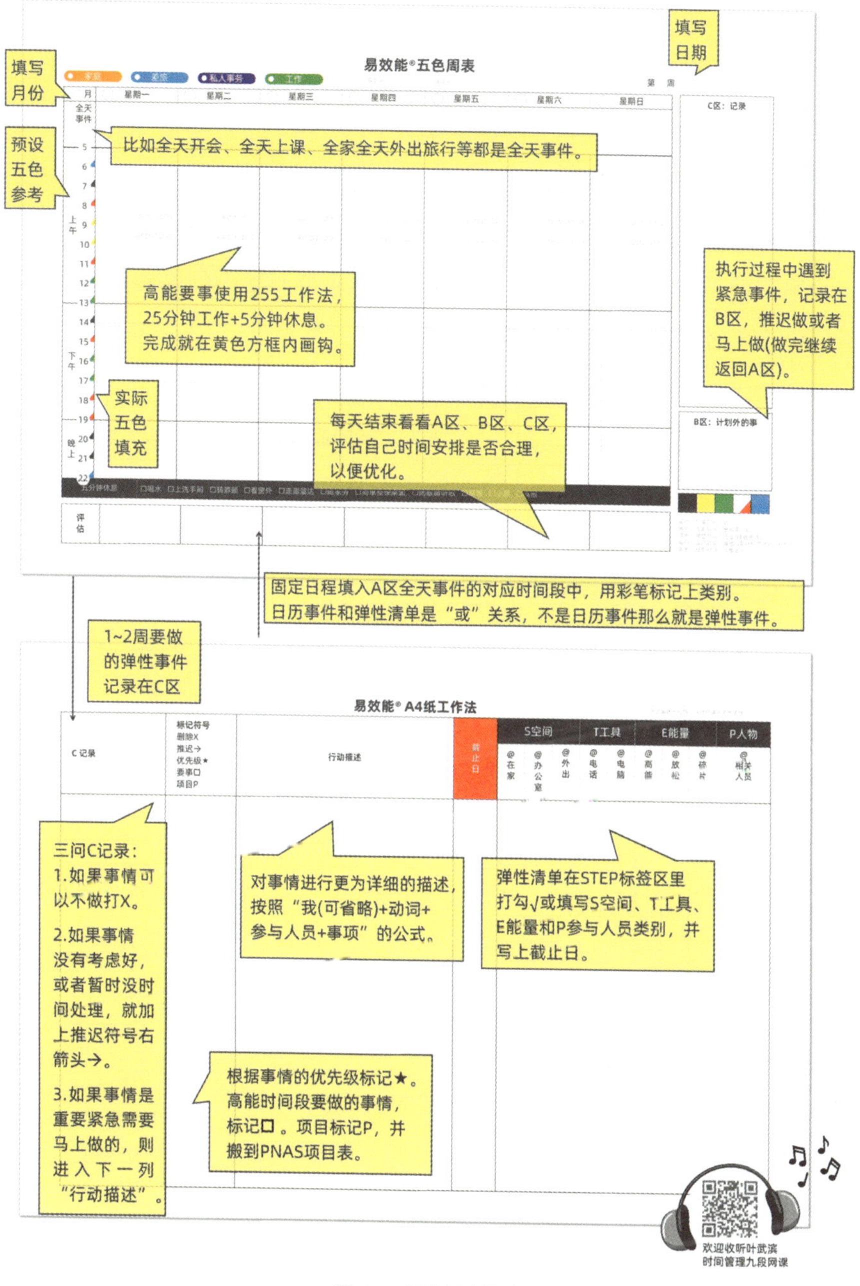

图 4.6 五色周表解读

如果这件事是重要紧急事件、需要马上处理，则进入对它做“行动描述”的步骤，对它进行更为详细的描述，套用公式“我 + 动词 + 参与人员 + 事项”进行描述。需要注意的是：日历事件和弹性清单事件是“或”的关系，一件事情，它如果不是日历事件，就一定是弹性清单事件。如果弹性事件转化为明确时间的日历事件，为了减少抄写，也可以在事件前面加上编码，如 a01，然后在日历表中，填写编码。

经过判断，确认这是一个弹性清单事件，我就会在 A4 纸工作法的 STEP 标签区进行打钩或填写 S 空间、T 工具、E 能量和 P 参与人员的具体信息，并给这件事写上一个截止日。写完之后，根据事情的优先级别，我会标上★，如果是需要高能状态下做的事情，我会标记□。标记好之后，我会再把它填入五色周表中的 A 区，用彩笔在格子的左侧画上黄色。

在五色周表的 A 区，我还会将一周的休息、反思、计划时间提前标记出来，把人生中必不可少的日常时间、反思时间都预留出来，避免把时间安排得太满而没有了生活和反思。

这样做完之后，这一周每天清晨醒来，我都会把这张周表拿出来看看，确认自己今天要完成的日程事件和弹性事件有哪些。

另外，在做高能要事的时候，同样使用 255 工作法，也就是 25 分钟工作 +5 分钟休息的节奏，张弛有度。并且用黄色彩笔把这件事所占时段和所用时长标记出来。

在行动的过程中，我们还可能会受到来自大脑内部或外部环境的干扰，这时我会把它先记录在 C 区，等做完了 A 区事件后再去处理它。当然也有一些突发状况是必须立刻停下手上的工作，马上去处理的，对于这类紧急事件，我会先把它记录在 B 区，然后立刻处理它，完成它之后再回头处理 A 区里那些计划内的重要事件。

当每天结束的时候，我会统观 A 区、B 区、C 区，整体分析自己的时间分布，评估自己的时间安排是否合理，以便在下一周进行优化。

每个人的实际情况不一样，建议大家通过每天的反思，不断优化自己的时间使用情况，持续进步！

（示例，见图 4.7）

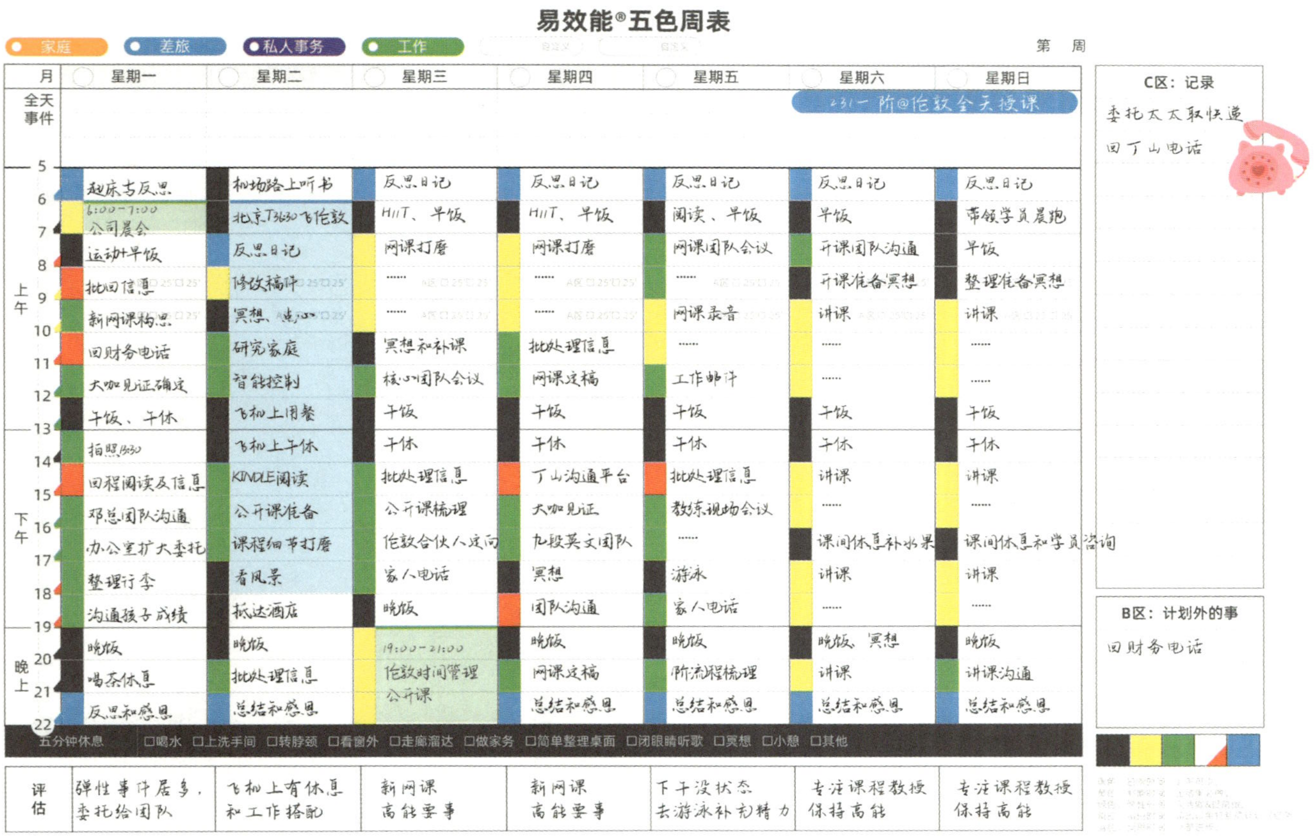
易效能®五色周表
家庭
差旅
私人事务
工作
第 周
月
星期一
星期二
星期三
星期四
星期五
星期六
星期日
全天事件
2.31一 阶@佗数全天授课
上午
下午
晚上
5
6
7
8
9
10
11
12
13
14
15
16
17
18
19
20
21
22
星期一：起床与反思 / 6:00—7:00 公司晨会 / 运动+早饭 / 批回信息 / 新网课构思 / 回财务电话 / 大咖见证确定 / 午饭、午休 / 拍照15:30 / 回程阅读及信息 / 邓总团队沟通 / 办公室扩大委托 / 整理行李 / 沟通孩子成绩 / 晚饭 / 喝茶休息 / 反思和感恩
星期二：机场路上听书 / 北京T3630飞佗数 / 反思日记 / 修改稿件 / 冥想、读书 / 研究家庭 / 智能控制 / 飞机上用餐 / 飞机上午休 / KINDLE阅读 / 公开课准备 / 课程细节打磨 / 看风景 / 抵达酒店 / 晚饭 / 批处理信息 / 总结和感恩
星期三：反思日记 / HIIT、早饭 / 网课打磨 / …… / …… / 冥想和补课 / 核心团队会议 / 午饭 / 午休 / 批处理信息 / 公开课梳理 / 佗数合伙人定向 / 家人电话 / 晚饭 / 19:00—21:00 佗数时间管理公开课
星期四：反思日记 / HIIT、早饭 / 网课打磨 / …… / …… / 批处理信息 / 网课定稿 / 午饭 / 午休 / 丁山沟通平台 / 大咖见证 / 九段英文团队 / 冥想 / 团队沟通 / 晚饭 / 网课定稿 / 总结和感恩
星期五：反思日记 / 阅读、早饭 / 网课团队会议 / …… / 网课录音 / …… / 工作邮件 / 午饭 / 午休 / 批处理信息 / 教练视频会议 / …… / 游泳 / 家人电话 / 晚饭 / 阶流程梳理 / 总结和感恩
星期六：反思日记 / 早饭 / 开课团队沟通 / 开课准备冥想 / 讲课 / …… / …… / 午饭 / 午休 / 讲课 / …… / 课间休息补水果 / 讲课 / …… / 晚饭、冥想 / 讲课 / 总结和感恩
星期日：反思日记 / 带领学员晨跑 / 早饭 / 整理准备冥想 / 讲课 / …… / …… / 午饭 / 午休 / 讲课 / …… / 课间休息和学员咨询 / 讲课 / …… / 晚饭 / 讲课沟通 / 总结和感恩
五分钟休息 □喝水 □上洗手间 □转脖颈 □看窗外 □走廊溜达 □做家务 □简单整理桌面 □闭眼睛听歌 □冥想 □小憩 □其他
评估
弹性事件居多，委托给团队
飞机上有休息和工作搭配
新网课 高能要事
新网课 高能要事
下午没状态 去游泳补充精力
专注课程教授 保持高能
专注课程教授 保持高能
C区：记录
委托太太取快递
回丁山电话
B区：计划外的事
回财务电话

图 4.7 五色周表示例

第一模块小结：训练行动力，请坚守十个原则

今天做第一个模块，即行动力的小结。

首先，行动力是要刻意训练的，没有行动力，一切梦想都是空想。无论你测试出自己在第几段位，要想进一步提升，必须把这个地基打牢固。

要想提升行动力，首先要提高的是对计划内事件的执行力，循序渐进，从专注一件事到执行两周的计划，核心是处理紧急事件和排除外在环境干扰的能力、简单的计划力、适度的选择力。

请坚守十个原则：

1. 做A推迟B记录C，只要不是死人、救火、破产之类的事就坚守A类事件，它会培养你变得更加自信、自律并做出成果。

2. 完全信任二八法则，选择少量重要的事件成为A类，为B类留出空白时间。至于什么是A类，第一步需要靠本能和直觉来判断。

3. 高能时候做A类，特别是脑力劳动，运用255间歇工作法。

4. 用“一日五色表”安排并在完成时评估一天的时间颜色分布，在我们的模板中有两列，第一列是计划预估；第二列是空

白，让你记录实际的状况，你可以在早晚，即蓝色时间花 30 分钟做这个，然后不断找到自己的节奏。

5. 记住，你的黑色时间非常重要，不是要多，而是要基本保障有序并形成规律。

6. 在“时间管理九段”的第一和第二段，只有记录和执行流程，不需要排程流程。

7. 第三段，我们排程主要是为了提升对大事进行提前部署的能力，我们扩展了日历的视角，从年、月、周、日四个视角展开，电子工具用月表，配合纸张的五色日表格。纸张工具，用年和周表，配合五色日表格。为什么电子工具和纸张会不同，因为纸张需要记录翻抄，工作量大，为了减少翻抄，用周表而不用月表。

8. 第四段，我们排程中抓住大事之后，需要对大事精细运作，对小事归纳整理分类，重在保障大事被计划后，还可将它分解为可执行的小行动，并与小事一起归纳整理分类。A 类事件往往会变成 A1 和 A2，即日历上的固定日程和弹性清单上的事务。

9. 对提供的模版我要说明的一点是，你对一段的 ABC255 表格熟练了以后，就不用了，在五色日表中包含了高能要事的记录符号，即标记□。一旦形成习惯，五色日表格要和日历周表、弹性清单为主，并与电子系统配合。

10. 如果想进一步知道什么事务要进入 A 类，那就要搞懂你的人生方向。我的核心理念“高能要事”有三个维度的含义，要

事是什么？高能做要事！管理自己的能量。什么是要事？来自你人生的方向，有方向，工作才会有重点，生活才会有节奏。我们在第二模块计划力部分，即五六七段位来提升你的计划力，那样你将如虎添翼。

除了以上十个原则，你还可以进一步修炼日反思、周反思和月度反思。如何反思我在后面的章节有详细解读。你还可以尝试早睡早起，过晚十早五的生活，早起后花 15 分钟反思、做计划。早起、反思、计划是人生赢家非常重要的习惯，早起安静，比别人勤奋，让你有掌控人生的感觉，行动之后反思，再调整计划，则让你更容易达成目标。

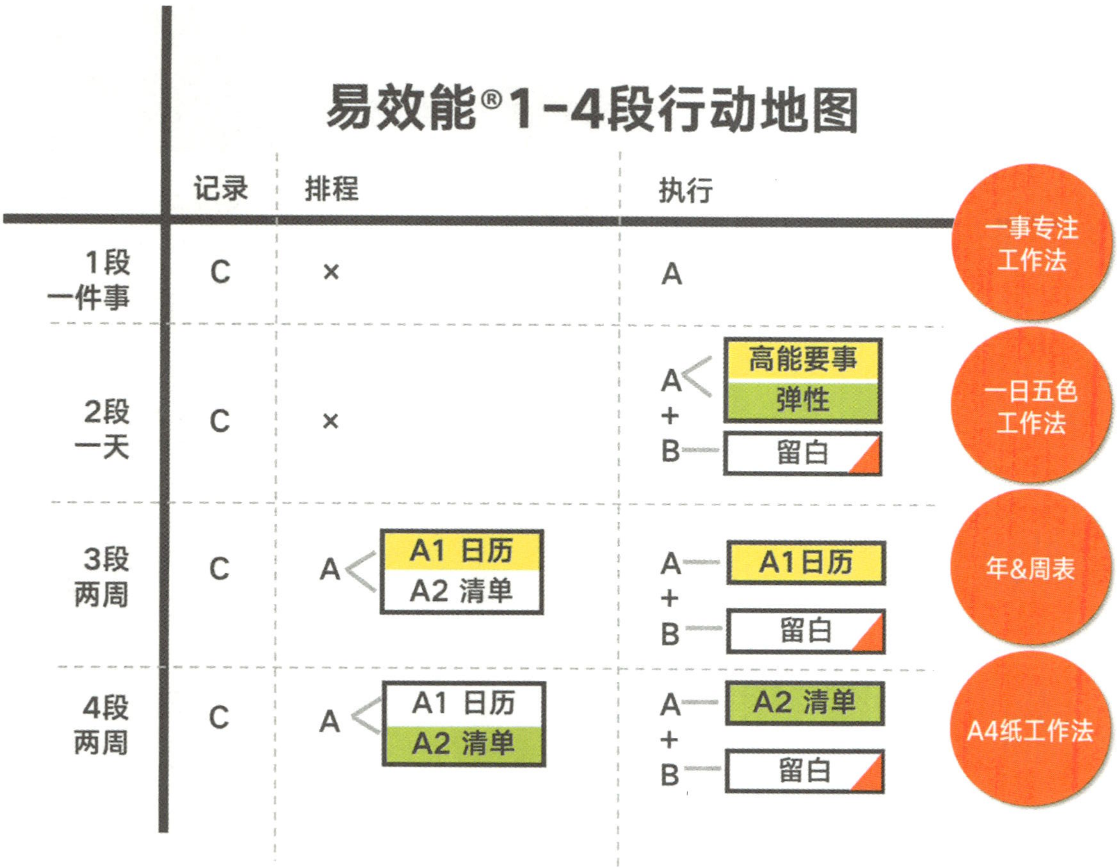

图 4.8 时间管理九段 1~4 段行动地图

chapter

5

人生就是一个个大项目的叠加，人人都要成为项目经理

此刻写稿时，我正在飞往迪拜的飞机上。如果你有用心去实践我们的理论和方法，用不了两三周的时间，我想你的效率一定会有所提升。这也是我看到的反馈，有朋友在践行一段时间后再次去测试段位，发现自己已经从一段跳到了三段，如果你也实践过，不妨再去测测看。

如果有了留白时间去应对紧急事件，如果能以更高的自控力完成计划内的事务，紧急事务会越来越少，生活定会一片光明。

截止到上一章，我们讲完了行动力模块的内容，这一章开始讲计划。当我们用这些流程和方法，扫清眼前的一地鸡毛之后，就拥有了诗歌和远方，就有更多的时间和精力去关注更为长远的事情。

人生必须具备的三力：行动力、计划力和反思力

没有行动力，梦想仅止于空想；没有计划力，就是拉磨的老黄牛，辛苦却成效低；没有反思力，努力的方向错了，也就成了无用功。

当有了执行力以后，我们要进一步关注的不是做事的数量，而是成果。以更长远的视角，对事情做出选择，对大事进行分解，对小事依据轻重缓急进行排序。

为你的目标立项：想象它，命名它，描述它，分解它——拿下它

人的一生其实就是一个个大项目的叠加，人人都要成为项目经理。

项目管理能够让我们围绕目标、结果去做事情，达到事半功倍的效果，也就是所耗更少，效果更好。如果我们能够不断地达成一个又一个的项目指标，那么，我们的人生无疑会有更大的成就。

① 项目：围绕特定成果所采取的一系列行动，包括日程和清单

我们工作、生活中有着大大小小的项目，以我为例：

新网课上线

全球 25 个国家和地区的市场拓展

系统研发迭代更新

孩子夏令营

搬家

智能有序样板空间的建设

公司买新办公室

家人香港行

新网课翻译成 6 国语言

2020 年春节南极活动

……

这些事项很重要，但它们没有那么紧急，不需要我在两周内完成它，也不像梦想之类的目标那样期限很长，一般是我们 3 个月内、6 个月内，最多 1 年内需要完成的大事项。

在前面，我们讲如何解决一件小事，比如买 TUMI 包、与朋友见面、买保险、体检、网课录音等等。对于长期的、复杂的、重大的事情，我们就需要在项目的维度来统筹管理。这就好比，用一个容器把零散的同类事物装在一起，便于存放、移动和查找。

因此，我对项目的定义就是：一组为了实现同一个目的而做的行动，是短期完不成，需要用一段时间，多个步骤才能做完的事。这些事情不简单，不是某一个行动就能完成的单一日历和清单事件，而是围绕特定成果的相互关联的一系列行动。

在这一章里，我会教你升级版的项目 PNAS 法则，它在原来的 PAS 法则基础上，升级了步骤。即描绘画面 P（Picture），生成名词 N（Noun），描述行动 A（Activities），找到项目行动的关系并排序 S（Sequence），然后排程进入固定日程和弹性清单中。通过这个方法，你一定能轻松搞定项目，做出成果。

规划时，使用 PNAS，执行时我们还是查看日历和弹性清单。

② 项目 PNAS 法则

第一步，想象并描绘项目大功告成的画面 P（Picture）。

20 世纪末意大利帕尔马大学首先发现了“镜像神经元”，它能够像照镜子一样通过内部模仿而辨认出所观察对象的动作行为的潜在意义，并做出相应的情感反应。

简单来说，人通过视觉接受外界信息的过程，就是人们对于外界进行判断、思考、吸收和反馈的过程，我们可以把它称为“所见即所得”。

项目 PNAS 法则第一个步骤就是想象并描绘项目大功告成的图景，也就是 Picture。

想象你想要实现的结果是什么，想一想那个让你怦然心动的画面。成功的画面能够让我们清晰地知道自己将去到哪里，看到什么，感受到什么。它能够激发我们的内在驱动力和行动力。

大脑中成功的画面会让人专注在目标上，不需要靠意志力，而是自动、自发地去实现那个画面。

第二步，要让画面成为现实，构成它的要素是什么？我们要增加一个环节，用具体的名词把构成画面的要素尽可能表述或者罗列出来。

即要把你头脑中想象的成功画面里所有的参与人员、物体和物品，用“名词”写下来。用具体的、简单的、一定数量的名词，把画面定格在书面的“名词”上。

为了激发你想象出成功画面的全部，我推荐的工具是思维导图。无论是纸笔也好，还是思维导图工具也好，根据想象的画面，找到合适的表述它们的“名词”。

比如，你要去看北极光，就想着看到了北极光的画面。你想到在冬天里去到挪威，漫天彩色的极光下，你和一帮朋友穿着厚厚的羽绒服待在一起，冰天雪地里有人送上热巧克力，大家兴奋地叫着，用单反相机拍摄极光。

这个画面里，有自己和家人、孩子、同伴、护照、签证、机票、酒店、旅行社、导游、相机、三脚架、拍极光的方法、羽绒服、行李、极光观测地点、旅行车、假期等等名词。

第三步，根据名词进行项目行动描述 A（Activities）。

根据画面找到名词之后，需要结合名词描述对应的行动。

比如签证，必须拥有挪威签证才能进入挪威，所以，我们就可以把“签证”这个名词，转化为如何获得它的行动过程——办理挪威欧盟申请签证，当自己还不知道怎么办理时，就表述为“打电话给旅行社咨询办理签证”，如果已经知道如何办理，就表述为“准备办理挪威签证的资料”，甚至细分为多个步骤。

通常我们在描述行动的时候，需要将前面的名词加入动词，再描述成为具体的行动，也就是“我 + 动词 + 参与人员 + 事件”的公式，主语如果是“我”，往往可以省略。描述越具体越好，要具体到一看到这个事件，不需要思考，不需要查找资料（电话号码、地点等）就可以直接处理。这样委托起来也会非常方便。

项目与此前讲到的日历和清单事件的不同之处，在于它是多步骤的复杂事件，往往包含多个日历和清单事件。

通常，我们把其中的日历事件作为项目重要的节点（里程碑）。

我们在前一章讲清单的时候讲过 STEP 标签法，也就是清单中的行动，需要为它添加 S 空间、T 工具、E 能量、P 参与人员等标签。

在项目中，也要加入这类标签。此外，因为项目有关的行动包括了更为复杂的维度，所以要考虑到在行动描述中增加期限、金钱、资源这几个限制性条件，以便更有助于项目的推进。

第四步，找到项目行动的第一步、第二步、第三步……第 N 步，这就是找到项目行动各环节的关系并排序，即 S（Sequence）。

在项目中，我们需要把清单事件分解成 1+1 步，逐步推进。天大的事情都可以分解为可以操作的许多件小事，每件事对结果的贡献是不一样的，有的所需时间长，有的是关键的节点，为了能够井然有序，就要对事件进行分析排序。

当你站在项目出成果的维度，抓住关键事务一一去完成，你就会得到良好反馈。不断得到这样的正向反馈，就会促使你不断地去行动。

同时，当你在项目不断推进的过程中，随着对项目管理有了越来越多的研究与探索，能够对项目计划做持续的更新，也就能做得越来越好。

很多时候我们觉得大项目很难推进，是因为它仅停留在我们的大脑中，既没有画面，又没有可以执行的具体行动，也没有对行动步骤的排序，因此，它被觉得实现无望的我们拖延了。

当你使用 PNAS 法则去操作一个项目的时候，你就会发现，只要你开始了，就一定能够逐步实现它。

③ 项目实例

以我们制作今年的新网课为例吧。

通过事前想象，我在大脑中建立了成功的画面：网课如期上线，有差异化，对大家有实际帮助，可以获得新老听众的好评，可以切实有效地一步步指导大家提高，全网全球多语言上线，大卖。

我们可以得到这些名词：

课程题目、课程简介、形象照、海报、大咖见证、创意和差异化、稿件、音频、图片、模板、多语言翻译、课程团队、音频剪辑外包、配乐、上线时间、上线促销活动、共享工作空间……

把这些想到的、“看见”的名词都先记下来，甚至可以和团队一起头脑风暴，越多越好。

接下来，需要为这些名词进行行动的描述，这时候不考虑顺序，比如：

组建网课团队

内容研发团队头脑风暴新创意

建立印象笔记共享笔记本

写出第一版简章

整理课程目录

撰写前三篇稿件

撰写测试题

罗列可能的大咖见证

确认音频剪辑外包团队

研究解决录音音质问题

寻找发布平台

签订发布协议

确定上线时间

寻找摄影师确定拍照

寻找翻译外包团队

……

对于这些事件，根据具体的行动描述进行排序，找到项目行动的第一步、第二步、第三步……第 N 步，还可以不断补充、不断调整事件的执行顺序。

春耕秋收，我的新网课最后在 3 月 21 日春分上线，最终的实际执行情况作为案例提供如下：

日历事件

~~新网课上线 @ 日历 3 月 21 日~~

~~摄影拍照 @ 日历 3 月 11 日~~

~~新网课 0102 定稿稿件录音 @ 日历 3 月 13 日 -15 日~~

~~新网课 03 定稿录音 @ 日历 3 月 18 日~~

……

弹性清单

~~组建网课团队 @ 会议~~

~~内容研发团队头脑风暴新创意 @ 会议~~

~~建立印象笔记共享笔记本 @ 沈以诺~~

~~写出第一版简章 @ 张萍~~

~~整理课程目录 @ 沈以诺~~

~~撰写前三篇稿件 @ 沈以诺~~

~~撰写测试题 @ 陈丁山~~

~~模板制作 @ 张萍~~

~~找大咖见证 @ 叶武滨~~

~~确认音频剪辑外包团队 @ 王云霞~~

~~研究解决录音音质问题 @ 叶武滨~~

~~寻找发布平台 @ 陈丁山~~

~~签订发布协议 @ 陈丁山~~

~~翻译外包团队 @ 叶武滨~~

后期还要陆续执行的有如下事件：

新网课稿件撰写 @ 沈以诺

新网课稿件修改录音 @ 叶武滨

新网课翻译录音 @ 陈唐

新网课传播 @ 陈丁山

当我以及团队把以上所有工作逐步推进完成，节目就如期上线，并保持每周更新。

建立项目并分解成日程和清单，用这种方法解决你遇到的所有重大事件

因此，项目就是基于一个特定的成果，产生的一系列日程与清单事件，匹配相关资源比如金钱、人员的集合。

尤其难能可贵的是，当你能够完成一个项目，你就能够掌握处理重大、复杂事情的方法，把它变成简单的、可分解的、可操作的步骤。把一个相对长期的结果转为短期可以执行的日程和清单，事情就被推进了。而且这些事情不会那么紧急，又可以提前部署并逐步完成，你的心情可想而知是喜悦的、充满成就感的。

你还可以把日常处理的各种事件都进行项目级的归类，想在哪个领域出结果，可以建立项目并分解成为日程和清单。我会一一为我的项目建立项目清单，包括：

X* 新网课上线

N 南极包船项目

Z 总部日常事件

S 生活日常事件

G 公司软件开发

X 新书籍出版

B 搬家

Q 汽车事件

G 购物清单

Y 易效能 1 阶研发

Y 易效能 2 阶研发

Y 易效能 3 阶研发

Y 易效能 4 阶研发

Y 易效能澳洲公司事件

Y 易效能美国公司事件

Y 易效能英国公司事件

J 家庭事件

H 孩子教育

L 旅行酒店航空会员升顶

* 项目名称前加字母是高级玩法。养成这样的习惯，将来在电子系统中，使用一段时间后，就可以用某字母代替一串文字对多级标题进行简化。比如，K 在个人的有限文档标题中往往指向单一主题，比如我经常使用 K 课程 ** 作为标题名称，K 就潜移默化自然被记忆为与课程关联，K 就是“课程”的代称。如 K-S 商业效能，其中 K 代表课程，省去写课程二字，省得输入，且在检索的时候，只需输入 K 就会显示，而不用输入课程，实现一秒搜索。

用 PNAS 项目管理法解决你遇到的所有重大事件！随着你操作的项目越来越多，你的经验也就越来越丰富。如果还可以对项目复盘进行反思，你还会获得更高层面的智慧。

至此，你已经拥有最简单有效的执行系统，包含三个子系统，即固定日历、弹性清单和项目清单，当你想获得成果的时候，必须通过执行系统管理并保证日历事件如期发生、弹性事务灵活推进、项目有序管理来获得。

项目的维度较高，既包含了执行结果的设想，又包含了执行细节的安排。

总结一下：你的每一天，应用五色表做具体预估和安排，日历事件首先如期在高能时刻完成，即捍卫 A1；如果还有时间，应提前完成弹性事务 A2。如果有紧急事件 B 类，则推后并在留白时间完成。执行时，有其他事务应记录为 C 类。早晚的蓝色时间或者专门启动一个 25 分钟，用来提前规划项目，通过 PNAS 转为进一步的 A1 或者 A2 事件。

最后执行流程可以用公式表示，ABCP，即 A1+A2+B+C+P，见图 5.1。

说个小花絮：

顺便告诉大家，抵达迪拜时是晚上，我在飞机上睡了午觉，然后醒来用了 6 个 255 完成本篇稿件。

在国际航班上，有时我会睡觉，有时我会工作，这取决于

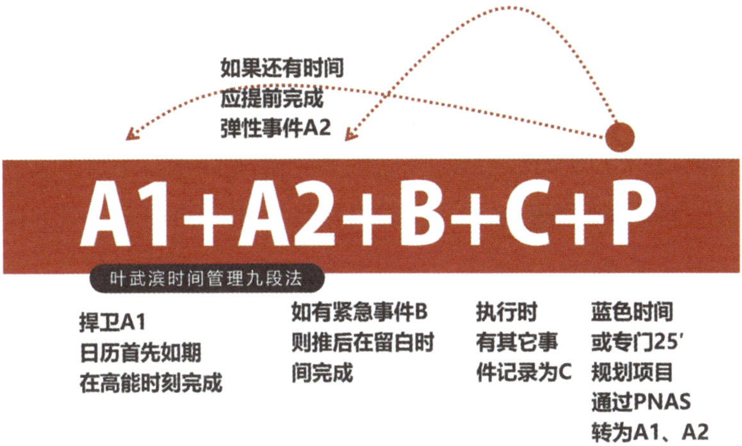

图 5.1　ABCP 解读

抵达目的地时是白天还是晚上。马上就要在斯里兰卡的科伦坡转机了，我有电话清单，当地时间 18：00 转机，我计划在贵宾厅给家里打个电话，刚好是北京时间 21：00（比北京晚 4 小时），问问孩子每天的作业时间安排得怎么样。

抵达迪拜的时间是 21：40，提前就知道有朋友来接我，明天就是一切就绪的商业效能。为什么会一切就绪呢？因为前 3 个月，我们就为此立项了，我和团队早就一一推进了，来自全世界十几个国家的 90 多位同学几个月前就报名参加，他们对活动非常期待。

人生就是这样，一步步求得结果，其实你也可以，加油。

有机会一定要跟我分享你的进步与收获，那样我会很开心。

如果我们能够这样一个又一个地不断完成自己的人生项目，那么我们的人生无疑会像滚雪球一样，在长坡道上不断积累势能，直至最后的冲刺。规划时使用 PNAS 法则，执行时查看日历和弹性清单，用这套系统就能轻松搞定项目，做出成果！

践行：PNAS 项目表解析

PNAS 项目管理法帮助我们有步骤地围绕结果去行动，达到事半功倍的效果。本章所讲的 PNAS 项目管理法，是为了让大家快速掌握和应用，我们特地研发出的一张项目工作表（见图 5.2），只要你按照表格的指示进行填空，就能轻松管理好自己的项目事件。

下面我仍然用我们制作网课的案例，剖析开来给大家讲解，看看如何使用这个表格。

表格分为六个部分，我们在填写的时候需要按照从左到右、从上到下的顺序，依次进行。

首先我们要进行 P 项目的描述：在这个方格里你可以描述项目成功的画面，例如我填写的新网课上线、全球全网多语言发布、大卖、受新老朋友的好评等等。

N 名词构成：在这个部分我推荐大家使用思维导图来做记录，那些能够把你的梦想场景很好地表达出来的名词，你要一一将它们写上。例如在制作这个网课时，我想到的就是：课程简介、大咖见证、稿件、课程题目、海报、音频、模版、配乐、形象照等等。

PNAS项目表解读

“PNAS项目表”对接未来3~6个月的项目，即为了达成某一目标的系列事件。
项目往往包含多个日历事件和清单事件。

PNAS是描绘画面P（Picture）、生成名词N（Noun）、描述行动A（Activities）、排序S（Sequence）四个英文单词的首字母缩写，掌握此表，你就能轻松管理好自己的项目事件。

需按照从左到右，从上至下的顺序，依次填表——

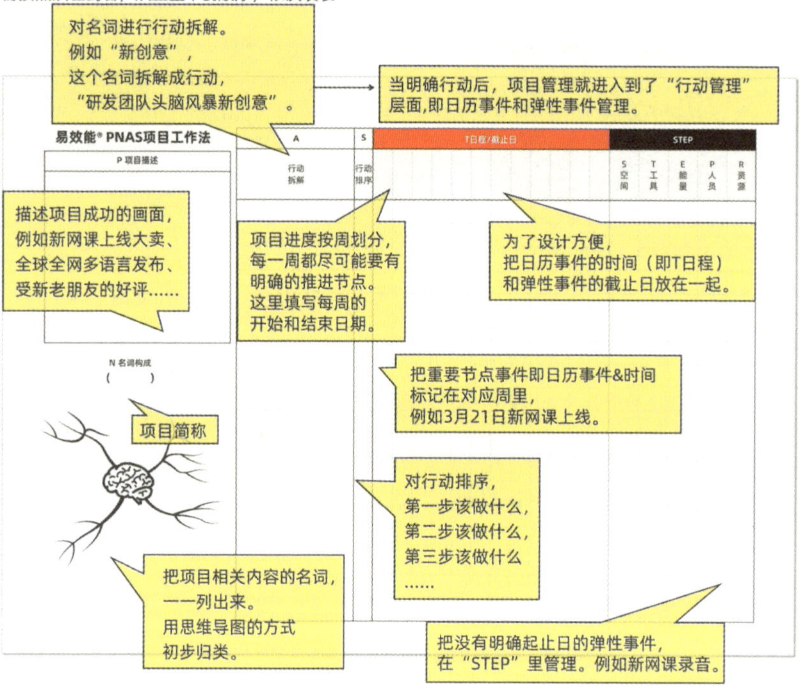

至此你便拥有了世界上最简单有效的三个执行系统——

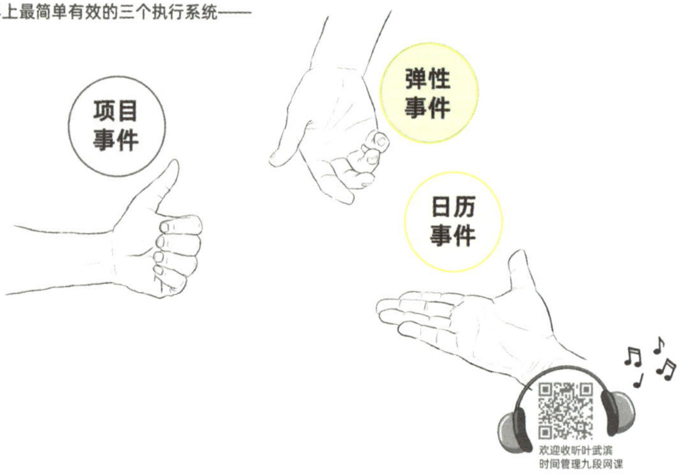

图 5.2 PNAS 项目表解读

A 行动拆解：在这个方格里，我们就要对前面写出来的名词进行行动拆解。例如我就把“新创意”这个名词拆解成“内容研发团队头脑风暴新创意”；把“共享空间”拆解成了“建立印象笔记共享笔记本”；把“形象照”拆解成了“在北京拍摄形象照”等等。

S 行动顺序：当你找出了很多待开展的行动之后，你就要对这些行动进行排序，第一步该做什么，第二步该做什么，第三步该做什么……

而当你明确了自己将要采取的各种行动之后，那么我们的项目管理就进入了“行动管理”的层面，这时你就可以把我们前面章节中学到的，固定日程事件管理——日历的使用方法运用起来，把其中重要事件的重要节点在这个表格中写下来，例如表格中 3 月 11 日是我专门为这个新网课拍形象照的日子，而 3 月 21 日就是新网课确定上线的重要日子。

在这里需要注意的是，大家看顶上黄色格子里的英文，在项目管理中，项目进度我们可以按周划分，每一周你都要尽可能地标记出明确的推进节点。

最后来到表格的最右边，也就是我们的“STEP”部分，认真按照我们“时间管理九段”的顺序进行学习的朋友，对这个部分一定不陌生，这就是我们前面所讲的“弹性清单事件”的管理方法。

这一部分在这个表格中主要对应左边的“A 行动”中

的事项，例如“整理课程目录”这个行动因为没有明确的、固定的起止日，所以不放入 T 日程这个领域管理，而是在“STEP”当中来管理它，其中这个行动的主要参与人员是 Sophie，我们就把她的名字填入。同理，“撰写前三篇稿件”这个行动的主要参与人员是沈以诺，我们照旧填上她的名字。

也许一个清单是没有截止日的，那我们在 T 日程 / 截止日下面这一栏是不画“/”的。日程事件，我们在 T 日程 / 截止日里面需要写上具体的时间，而 STEP 的清单，如果有截止日，T 日程 / 截止日下面一栏我们用“/”来表示，但它不一定有截止日，所以也不一定要画“/”。

我们为了设计得方便一点，把日程和截止日放在了一个表格里面，一部分代表了日历的时间，一部分代表了弹性清单的截止时间。

以上就是我们对 PNAS 项目表的具体运用的解析，你学会了吗？从项目到行动要经历 6 个步骤：想象画面、提炼名词、行动描述、行动排序、固定日程管理，还有弹性事件。

当然如果你有时间的话，一定要把你所有的项目列出项目名，最后把重要、紧急、要执行的项目按照以上 6 个步骤一一拆解。

（示例，见图 5.3，表格众多，建议大家循序渐进地使用，当你已经能熟练掌握这些时间管理知识，最后常用的工具就只有这后面章节里提到的几张表格了。）

PNAS项目工作法

P 项目清单&描述

上海书城线下公益捐书给新疆阔依拉小学图书馆项目

描述：上海书城6楼公益分享，现场朋友积极参与捐书，奉献一份力量。书城鼎力支持，上千本图书高效打包寄出，让新疆小朋友们有很多书读，感受到社会关爱。

N 名词构成

（新网课上线）

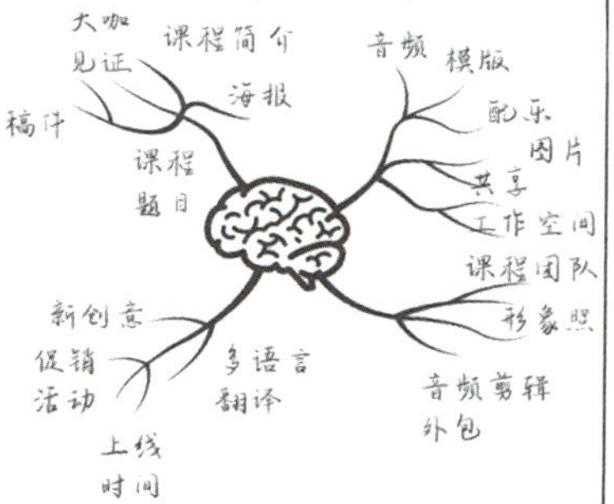

A 行动拆解	S 行动排序	T日程/截止日 (2.27 3.1 3.3 3.5 3.7 3.9 3.11 3.13 3.15 3.17 3.19 3.21)	S 空间	T 工具	E 能量	P 人员	R 资源
组建网课团队	1						
头脑风暴新创意	2		Zoom				
建立印象笔记共享笔记本	3			电脑			
写出第一版简章	5					Sophie	
整理课程目录	4					巧诺	
撰写前三篇稿件	6					Sophie	
撰写测试题	7						
确定上线时间	1	3.21					
罗列可能的大咖见证	8						喜马拉雅
确认音频剪辑外包团队	10						
研究解决录音音质问题	11						
寻找发布平台	8					丁山	
签订发布协议	9					云霞	
寻找摄影师确定拍照	10	3.11					
寻找翻译外包团队	11						陈老师

图 5.3 PNAS 项目表示例

chapter

6

“八大关注”，用 1 年的时间找到你自己的人生成就公式

行动力有了提升，随之而来有一个误区就是变成“老黄牛”——只顾埋头做事，没有抬头看路。

之前有段时间“996ICU”这个话题受到了全民热议。大概讲的就是社会上部分企业要求实行这样的考勤制度：早上9点上班，晚上9点下班，一周工作6天，然后员工累得躺进医院ICU病房，这就是典型“老黄牛”的表现。

先不说这种用工制度严重违犯了我国《劳动法》的规定，属于违法行为，仅是单一地增加工作时长，就真的能获得大家想要的劳动成果吗？对此我认为是不可能、不科学的！

整天工作的人，没有时间挣钱

这都什么时代了？还在用工业时代的方法管理员工，落后又低效！站在人文主义立场，从关注每个人的个性发展的角度来讲，我同意美国石油大王约翰·洛克菲勒的一个观点：整天工作的人，没有时间挣钱。这里的“钱”代表的是成果之一。我们需要时间来反思自己所做的选择，然后采取重要的行动，这才是取得成果的关键。

不管是管理者还是普通员工，我都不支持过“996ICU”这种本书开头讲到的“拼死”的生活。

那么如何才能有一个双赢的局面呢？

我认为：提高每个人的时间管理能力，通过提高单位时间的成果产出率，发现、发展、发挥每一个人的优势，做最擅长的事情，哪怕每天高能要事两个小时，都比 16 个小时里大部分时间在磨洋工、混日子、眉毛胡子一把抓的工作效率要高得多。

低段位的时间管理者，是管理自己的时间安排，什么时间应该做什么事情。

中段位的时间管理者，是提高自己的做事效率，也就是做事情的快慢。

高段位的时间管理者，是提升自己的人生效能。效能就是整体的长期的效率，是对在什么领域出成果的选择。所以从人生的维度来说，选择大于努力。选择在关键领域出成果，比起遍地开花强太多了。

成功是有公式的

我们用数学方法来分析一下：

① 成功公式 R=E×T

这个公式中（见图 6.1）：

图 6.1 成功公式 R=E×T

R 是英文 Result（产出）的首字母缩写；

E 是英文 Efficiency（效能）的首字母缩写；

T 是英文 Time（时间）的首字母缩写。

公式 R=E×T 的意思就是：成果总产出 = 效能 × 总时间，想要提高产出，只关注时间是不行的，效能这个变量也要同样重视！效能 = 成果总产出 / 总时间，既体现了结果的质量，又关系到所花费的时间。

举例说明：

我们每个人每天都有许多不同类别的事情，有的是想去尝试，有的是必须完成，有的是重点关注的，有的是可以选择的。那么如何正确选择这些事情呢？

我们把这些事情分别以数字 1、2、3……直到 n 来表示，然后套用这个公式 R=E×T 来进行计算。

于是就能得出 $R_1=E_1\times T_1$，$R_2=E_2\times T_2$，$R_3=E_3\times T_3$，…，$R_n=E_n\times T_n$。

其中 E_1、E_2、E_3…E_n 代表的是你做各类事情时不同的效能水平，选择效能高的事情去做对于整体效能提升是关键（见图 6.2）；

T_1、T_2、T_3…T_n 代表的是你做不同事情时所花费的不同时长。这里还有一个特别的生命指数 K：你的生命总长度 lifetime，即 $T=k(T_1+T_2+T_3+\cdots+T_n)$，这里的变量 k 是生命指数，通过部分时间的投入获得身心健康、情感关系的和谐等，从而影响生命的长度，你会有更多的时间去拓展生命的宽度，取得更多的成就。

因此，人生必须有必答题，还要尽可能找到自己的优势，

$R_1 = E_1 \times T_1$ → 每一件事情的产出

叶武滨时间管理九段法

$R_2 = E_2 \times T_2$

$R_3 = E_3 \times T_3$

……

$R_n = E_n \times T_n$

$R = R_1 + R_2 + R_3 + \cdots + R_n$ → 所有产出

$E = E_1 + E_2 + E_3 + \cdots + E_n$ → 效能水平

$T = K(T_1 + T_2 + T_3 + \cdots + T_n)$ → 存活寿命

$0 \leq K \leq 1$ 与吃饭、睡觉、运动等时间相关。

图 6.2　每类事情不同的效能

$T = K(T_1 + T_2 + T_3 + \cdots + T_n)$

$0 \leq K \leq 1$ 与吃饭、睡觉、运动等时间相关。

If $K \longrightarrow 0$

趋近于

E.G.996

$T \longrightarrow 0$

$\because R = E \times T$

$\therefore R \longrightarrow 0$

叶武滨时间管理九段法

死干=干死

图 6.3　活得久才是最大的复利

那就是哪个 E 是最大值，然后在延长生命长度的基础上，投入相对多的时间进入到最高效能领域（见图 6.3）。

这不容易，因为这不是拍脑门决定的，而是要对自己有深层次的认知。

2 打造“八大关注”梦想生态圈

人生成就是从高效能的关键领域而来。关键领域需要从

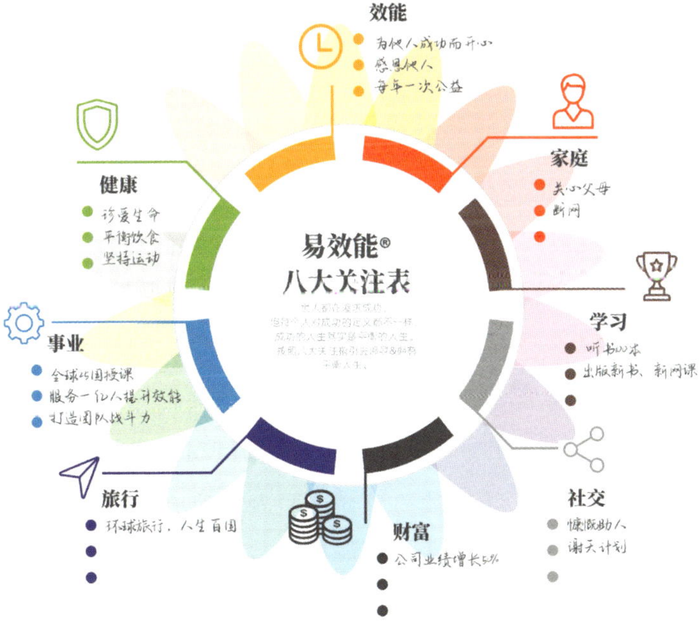

图 6.4　八大关注表示例

上面的1、2、3……n件事情中尝试选择而来！也就是通过和梦想谈恋爱找到最终梦想。

具体步骤就是：

第一步，尝试与梦想谈恋爱！

找一个空白的A4纸或者打开一个空白的电脑文档，找一个安静不受打扰的时间段，充分挖掘自己大脑里的想法，把自己感兴趣的、想尝试的、为了美好生活必须关注的……统统写下来，建立起自己的“梦想仓库”（见图6.5）。

然后，你可以建立一个三行三列的表格，就是九宫格。除了中间的格子外，在外圈八个格子里，分别写上“健康、家庭、效能、财富、事业、旅行、社交、学习”这八大主题，来归类和选择重点关注的梦想与目标。等你熟悉这套系统之后，你就可以根据自己的实际需求，在这个基础上增减修改自己的关注范围。

然后在一年的时间里，经常去关注那些你罗列在“八大关注”里的事，它们就像是你的恋爱对象，必要时转化为行动系统——项目、日历和弹性清单，去实现它们。

我有一个学员，来自台湾，跟我学习时间管理之前是行走的汽油桶、女儿熟悉的陌生人，搬家到苏州新房子后迟迟未装修，就住在毛坯房里。上课之后，用八大关注实现了从健康、家庭、亲子、事业、社交的全面开挂和逆袭。我可以把他在课堂上写下的八大关注，给大家看看（见图6.6）。

梦想仓库

—— 家庭 ——

[ ] 找男/女朋友，认真谈一次恋爱
[ ] 结婚
[ ] 生一个混血
[ ] 备孕成功，顺利二胎
[ ] 收养一个孩子
[ ] 带着爸妈去旅行
[ ] 每天断网1小时陪家人
[ ] 为父母洗脚、按摩
[ ] 送小孩去国际学校
[ ] 每半年给爸爸妈妈做一次全面体检
[ ] 给爸妈买一套合适养老的乡间大宅
[ ] 给爸爸过60大寿
[ ] 和家人团聚拍一张全家福
[ ] 每年至少回家两次，听父母唠叨
[ ] 移民澳洲

—— 旅行 ——

[ ] 去东非看一次动物大迁徙
[ ] 去北欧看极光&体验狗拉雪橇
[ ] 去南极看帝企鹅
[ ] 去芬兰拜访一下圣诞老人的故乡
[ ] 去印度打坐冥想，去土耳其体验热气球
[ ] 去纽约百老汇欣赏一部音乐剧
[ ] 尝试睡在印第安人的帐篷里一晚
[ ] 去每年10月的德国啤酒节喝上一杯
[ ] 去迪士尼乐园看一次烟火表演
[ ] 去西藏，来一场触及灵魂的旅行
[ ] 登上埃菲尔铁塔俯瞰整个巴黎
[ ] 学会红酒品鉴，并参加一次法国酒庄的红酒游
[ ] 去瑞典的树屋酒店住一晚
[ ] 去西班牙看弗拉明戈舞
[ ] 看看“天空之镜”——乌尤尼盐沼的壮美
[ ] 去一次宇宙，超越大气层看地球
[ ] 跳一次伞，和一群朋友围成一圈，拍一张照
[ ] 玩一次滑翔伞，人总是要疯狂一次的
[ ] 去看一场NBA，得是我喜欢的球星
[ ] 穿上和服，去日本东京体验一把女孩节

—— 事业 ——

[ ] 拥有一家市值百亿的上市公司
[ ] 出版书籍
[ ] 考公务员
[ ] 开个餐馆
[ ] 开一家富有情调的咖啡厅
[ ] 当代购
[ ] 有魅力创一次业，不管成与败
[ ] 去世界500强企业实习
[ ] 进全世界最好的广告公司
[ ] 成为一名培训讲师

—— 学习 ——

[ ] 读MBA 或 EMBA
[ ] 获得一次奖学金
[ ] 出国留学
[ ] 考取教师资格证
[ ] 学习演讲及培训，形成自己的知识和技能体系
[ ] 考驾驶证
[ ] 学一门第二外语
[ ] 学跳交谊舞
[ ] 学会滑雪
[ ] 学会弹吉他
[ ] 学习书法
[ ] 学画油画
[ ] 拿到PMP证书
[ ] 48本书/年，读书计划（每周一本）
[ ] 搭建个人网站
[ ] 公众号粉丝过一万
[ ] 简书写作，每周至少一更

—— 社交 ——

[ ] 走上TED的讲台，做一次演讲
[ ] 写100篇原创文章
[ ] 组织一次大型的同学聚会
[ ] 每周一次职场沙龙或聚会，扩大自己的圈子
[ ] 个人知识分享
[ ] 读50本书并做读书笔记PPT
[ ] 见一个心中敬仰的名人
[ ] 交一个异地或异国的朋友
[ ] 结交10位好友
[ ] 物色事业伙伴，组建顶尖创业团队
[ ] 拜3位不同领域的顶尖大师为师
[ ] 建立100位各界顶尖人脉
[ ] 结识10位亿万富豪或顶尖人士
[ ] 学会高尔夫，作为社交工具

—— 财富 ——

[ ] 拥有一套配有私人游泳池和私人花园的别墅
[ ] 买下一间投资店铺用于出租
[ ] 年薪百万
[ ] 被动收入10W
[ ] 公司营业额翻番
[ ] 个人资产达到至少1亿

[ ] 赚出Gap Month的生活费
[ ] 学习股票投资，五年内创造稳定的被动收入
[ ] 买一个向往已久的包包，别管价钱
[ ] 买一件自己心爱的艺术品收藏增值
[ ] 买一套学区房
[ ] 换一辆新车
[ ] 拥有一辆房车
[ ] 为家庭成员配置保险

—— 健康 ——

[ ] 跑一次马拉松
[ ] 参加一次Color Run
[ ] 练好瑜伽
[ ] 每周轻断食一天
[ ] 减脂塑形成功，拍照纪念
[ ] 练出马甲线
[ ] 恢复产前的身材
[ ] 规律作息早五晚十
[ ] 戒烟
[ ] 找私教体能训练

—— 效能 ——

[ ] 易效能®时间管理手册实战训练
[ ] 高能要事
[ ] 做梦想板
[ ] 利他
[ ] 一张一弛精力管理
[ ] 专注力训练&排除干扰
[ ] 删留用DKU
[ ] 出差旅行必备App
[ ] 秒搜、秒搬
[ ] 建立实物目录系统
[ ] 项目PNAS
[ ] 找到“三圈交集”
[ ] 写反思日记
[ ] 记录时间都去哪里了
[ ] OF、Evernote、Calendar工具落地
[ ] 烂开始、好结果
[ ] 教会别人（是最好的学习）
[ ] 刻意练习、逃离舒适区

图 6.5 梦想仓库

健康 叫我黄于晏 坐如钟、站如松、 行如风 近视镭射	**财富** 资产现金流转换 学习投资（8I） 打造双引擎收入 心灵财富：助人及表达感谢	**社交** 谢天计划 *100cards 让身边的人因我变好 好久不见计划*30人
亲密 月度约会仪式*12 每天念睡前故事给小孩 听*100 周末微旅行*20	**Will's 2018 年度目标**	**家庭** 与爸妈深度相处>30天 与老婆小孩新加坡度假 独立带娃、 让老婆上亲子班！
效能 易效能复训（1~3） 家庭生活节奏制定 精简计划—减少物品 50%	**学习** 上三门新的课 (教练领导力、快乐财商、 混沌商学院创新课) 组织时间管理分享会*15 输出15篇优质文章	**事业** 提升团队实力 KP实现 找到热情、义无反顾投入

图 6.6 学员黄先生八大关注应用示例

第二步，找到优势！

我曾经分享过管理学大师彼得·德鲁克的“回馈分析法”，他说：“人在做重大决定时最好预期 9~12 个月后的结果，然后到期做个比较，实现了，就说明做那些事情就是自己的优势。”

也就是说，在与恋爱的理想接触一段时间，通过对 E_1、E_2、E_3…… E_n 进行对比以后，你就能从众多的恋爱对象中找到自己的“结婚对象”，也就是最高效能领域，这其实也就是自己的优势所在和梦想所在。

以我自己为例，十几年前我研究时间管理纯粹是为了提高自己的做事效率，关注并找到方法把自己从忙碌的工作中解救出来。但是我在不断学习并且实践出有效的方法之后，又把这些方法教给了身边的朋友，收获了非常多的好评和赞誉。然后在朋友的热情张罗和推动下，我慢慢开起了时间管理分享会，然后是公开课，接着就是收费活动，以及现在在全球举办系列收费服务等等。经过时间的检验，我发现自己越发在时间管理领域有研究的兴趣，并且形成了自己的优势，现在还变成了自己想要做一辈子的事业，去服务更多人，让他们也能过上游刃有余的生活。这是我亲身经历的从“恋爱对象”成功转化为“结婚对象”的目标变化过程。

第三步，掌握平衡！

找到关键优势，获得二八法则带来的成就，并不是把所有的时间投入其中。此时就要关注维持生命长度的必做事件。

真正的人生赢家，从来不是在某一方面有卓越成就而让生活失去平衡的人。

目标设定：以今天的努力看清明天，以今年的努力看清明年

所以我们在寻找自己的优势和目标梦想的时候，切记关注身心健康和情感关系的和谐。

也就是在 $R_1=E_1 \times T_1$，$R_2=E_2 \times T_2$，$R_3=E_3 \times T_3$，…，$R_n=E_n \times T_n$ 这些公式中，1 件事到 n 件事代表的是“天下事”，进入被关注的范围，我们不仅最终要选择出效能最高者，还要关注人生赢家维持平衡和健康的事务，并养成习惯。例如为了健康，我们要非常关注良好的睡眠、平衡的饮食、适度的运动等等，它们都是要花费很多时间，一个普通人如果管理这些事情，多则十几个小时，而且还不见得获得良好的效果。因此我们不仅仅要关注，还要养成良好的习惯，比如早睡、早起午休 + 轻断食 + 经常运动，保障这些事务的时间，才能获得良好的成果。除此之外，还有家庭、父母、社交、情感关系等。这些必做题，既要保障时间完成它们，也要优化时间，最好养成习惯、仪式。

除此之外，就是我们可以投入到最高效能的所有时间了。但是在我们没有建立优势之前，即没有找到最高效能领域

之前，那么在一年的时间维度里，我们要注重适度广泛的体验，尝试各个领域的小目标的投入。当一年终了，把那些实现了的小目标都整理出来，接下来你就可以把它放大，设计成更长期的目标，同时放弃其他的没有结果的小目标。

被选择出来的就是我们的最高效能领域的事务，它们就是能让我们走向卓越的目标。最终的人生成就可以用公式 $R_{max}=R_1+R_2+R_3+E_{max}\times$（lifetime-$T_1$-$T_2$-$T_3$）。假设 1、2、3 是必做事件，要保障维持基本时间。扣掉 1、2、3 这些必做题的时间，就是剩余可以投入的总时间，我们要在所有的领域当中选择最高效能领域，把这些时间都投入其中，我们的人生就可以获得最大的成就（见图 6.7）。

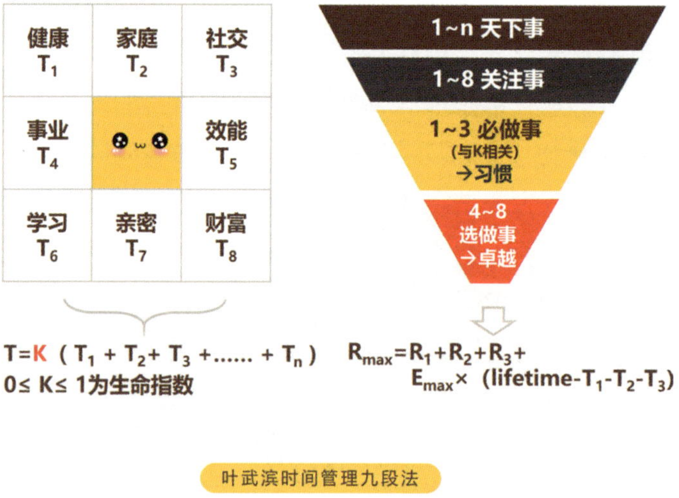

图 6.7　人生成就公式

最后来分享稻盛和夫的一个观点：**人不应该设置太长周期的目标，以今天的努力看清明天，以今年的努力看清明年。**我同样建议，从自己的现实情况出发，由近及远，由简单到系统，由多到少，通过一年的时间选择八个领域的一些目标去尝试，然后逐步聚焦，找到自己的梦想，同时还要适度兼顾维持平衡的人生生态系统。

给大家分享一个和老板谈判的技巧，让自己可以维持卓越而不失衡的人生。你可以去跟自己的老板聊聊你的工作，问他最希望你在哪个方面出怎样的成果。然后告诉他，你投入比原来在这一领域更多的时间只做这些重要的事情，但不做其他事情，其他事情可以委托、外包、雇佣其他员工，例如，医生只做手术，其他由护士、助理完成。总工作时间减少，重点领域的投入时间有可能增加，但其实你一定会出更多的成果。如果我的员工这么来找我，我一定会答应。你试试看？

如果你是老板你该怎么办？做出科学的决策，找到最关键的业务，砍掉不合适的业务，雇用不同层级的员工，发挥每一个人的优势。记得通用集团公司的 CEO 杰克・韦尔奇一上任就砍掉了行业第三名以后的子公司，推行数一数二战略，保留第一名和第二名的子公司，资源集中，从而使通用公司利润大幅度增长，他因此被评为最伟大的 CEO 之一。

总之，一味延长工作时间，是最简单、最愚蠢的做法，效率低下不可持续。

践行：梦想板的制作技巧

好工具可以提高我们的效率，乃至效能，增加我们成功的概率，因此在这章的随堂练习中，我要推荐给大家的就是：基于八大关注来寻找梦想的落地工具——梦想板！

朗达·拜恩在她风靡全球的《秘密》一书中说：描绘出你的心理蓝图，是实现你梦想的第一步。

制作梦想板就是把自己的梦想具象化和视觉化，而我是把梦想内容做成图像放在自己的手机和电脑的屏幕上。当然你也可以把它贴出来，放在自家的冰箱或者门上……让它能够随时随地出现在自己的视野里，不断激发我们大脑里镜像神经元细胞，形成牢固的记忆，在不知不觉中触发我们的关注，并转化为行动，不断抓住重点，对繁杂事务形成选择，让我们有更多的时间、资源与可能性去实现图片上的梦想场景。

你的梦想板的内容应该从你的八大关注：健康、家庭、效能、财富、事业、旅行、社交和学习中来。所以，你最好先用八大关注法尽可能地罗列出来，然后选择重点的目标按类别放入九宫格中。

我建议你采取“评分制”来对九宫格里每一个关注目标的“重要程度”进行评估，以 10 分为满分，由高到低地进行排序，那些得分较高的选做题，加上你必须完成的必做题，或者已经找到的正文提及的最高效能领域，把它们集合起来，用图像化进行表达，这就是你的梦想板。

你可以用 PPT、手机拼图、剪纸拼画和手绘图等工具来制作自己的梦想板。

我的梦想板都是 PPT 制作的，有横屏和竖屏两个版本，见图 6.8、图 6.9：

图 6.8 梦想板示例一

付费音频
全球版
公益
优师计划
断网·陪家人
Mr.
Ye’s
Dream
增肌6.3KG
Start
2019
2020
Marathon
42.195KM
新书出版
全球10国开课
美国、英国、
澳洲、加拿大等
商业效能
×5
Dubai
样板
家庭空间
服务1亿人

图 6.9　梦想板示例二

梦想板做好之后把它以图片的形式保存在手机、iPad 以及电脑里，这样除了方便自己随时查看，还能便于跟别人分享你的梦想，因为实现梦想的另外一条法则就是：大声说出你的梦想！

卡耐基曾经说过："一个人的成功，15% 靠能力，85% 靠人际关系。"所以说出你的梦想让更多人知道，你就能获得更多的监督和帮助，梦想实现的可能性也就变得更大。因为，不同的人拥有不同的优势，处理不同事物的难度与资源不一样，可以彼此协作相互成就。

你在我的梦想板中，会看到有些是长期乃至一生的目标，例如：影响 1 亿人提升效能；环球旅行人生百国；马拉松。也有年度目标：付费音频全球版；年度公益优师计划；全球 10 国开课；样板家庭空间；新书出版等。

了解我的朋友会知道，今年大部分的梦想目标我此刻基本实现，某些部分甚至已超额提前完成。为什么有梦想和计划，人会更容易达成目标？因为经过多次的描述、制作、分享、反思，梦想已经深入自己的记忆，从而经常性提醒自己关注、分解、行动、调整。

我相信只要你愿意这么做，也可以实现你的梦想。对于初次接触梦想板的朋友，我有一个非常重要的建议：在刚开始尝试制作的时候不要做太长远的目标规划，尽量不要去做 5 年、10 年，甚至一生的梦想，我建议大家从一年内目标的梦想板开始做起。

先给自己制作一个一年期的梦想板吧。等到这一年结束时，再反思自己这一年的收获和成长，它就可以作为对比的依据。在制作了几年的梦想板以后，你就可以扩展梦想板上的内容，包含短期目标、长期目标，甚至人生蓝图（见图 6.10）。

梦想板解读

画出梦想是梦想成真的第一步。
如果生命马上就要结束了，你还有什么遗憾？你还有什么想要做的事情？
不如现在就开始做吧。

比如，
翻抖音时会想“真想拥有像彭于晏一样的身材啊”！
听业界大牛讲座时会想“如果我十年后也像他一样就太棒了”！
或者在杂志上看到海边别墅美景时会想“有朝一日也能住进去度假”。
……
这些都能成为自己的梦想。

找一个安静不受打扰的时间段，充分挖掘大脑，
把自己想要做的或者是为了更美好生活而必做的事项统统写下来，
这些事项就构成了你的梦想仓库。
或者从梦想仓库（下页）根据八大关注分类，
每类选择1~3个目标，画入“梦想板”。

你可以用彩笔画、剪杂志贴，或者用PPT设计，
总之要视觉化且放到你经常能看到的地方，比如手机桌面、办公桌前等等，
以下是易效能®2019年梦想板大赛获奖作品，供参考。

图 6.10　梦想板示例三

chapter

7

满足“三圈交集”，成就人生的卓越系统

到了本书的第七章，这是我最想讲的一个话题：时间即生命，那么我们生而为人，活着的最终目的是什么？请你花一点时间来思考这个问题。

我如今有热爱的工作与美好的生活，要感谢所有的听友，感谢这个时代，感谢互联网。生命是一个奇妙而神秘的精彩旅程，生活不仅是苟且，还有诗歌和远方。

清晰的人生方向，让我工作有重点，生活有节奏。这一章的主题就是如何找到人生的方向这个定海神针。

怎么做？从三个方面入手：1. 我的诗歌和远方；2. 人生赢家卓越系统；3. 梦想生态圈。

人的一生究竟该如何度过？

1 幸福的人生需要三圈交集——我的诗歌和远方

人的一生不仅仅是追求财富和成功，而是幸福。哈佛大学幸福课指出，95% 的人认为人生的终极目标是追求幸福。我想这个与人生赢家的含义也不谋而合。

结论虽然简单，但是能够理解到位，确实是一个漫长的过程。年轻的时候，大多数人追求的是财富和成功。

歌德说过“理论是灰色的，生命之树常青”，我经常找我刚认识的人聊天，聊聊他的人生，来丰富我人生的智慧。这是一个好方法，建议你也试试，它会让你受益无穷。

曾经有无数个日夜，我苦思冥想，人的一生究竟该如何度过？我想每个人都会想到这个问题。

说说我真实的人生探索之路。

我的人生是争取而来的，不想回老家的电信局“看机房”，大学毕业时抓住三次机会，让我拿到了全校四个进京指标之一。

然而，在拥堵的北京城，很漫长的一段时期，我每天长时间地工作，而且很难请到假。2000 年我和太太刚认识时，连 8000 元住院手术费都是岳母给的。我也记得很清楚，单位分配给我一个小房子，虽然单位集体宿舍十分狭小，可我却不愿搬家，因为没有钱购买家具，觉得不如住宿舍，至少里面基本的设施都有。掐指算一算每个月的工资，我要做一个选择题：是先买洗衣机，还是先买热水器？最后的选择是：为了节约洗衣服的时间，我决定训练自己洗冷水澡。

这份记者的职业，让我跑遍了中国，见多识广。六年的合约期满，我很感恩地辞去了这份工作，我要选择追寻更广阔和自由的人生。第一次创业是在 2004 年，虽然还算顺利，但是进展缓慢。

工作上、合作上和管理上遇到的问题，磨砺了我。王阳明说“**人须在事上磨，方能立得住**”。我常常把自己的困惑写在日记里，通过大量阅读来寻找答案。这其中，《吃掉那只青蛙》和《人性的弱点》两本书给了我刻骨铭心的启发：**人必须有清晰长远的目标，并且每天付诸行动，同时还要有良好的人际关系。**学习和阅读确实改变了我的命运，让我努力成长，不断提升人际关系，改变了我的人生轨迹。

我出差去云南，一个很偶然的机会，访问了在那里的一位画家，他和我分享了他的人生经历，改变了我的认知。他是 20 世纪 80 年代的知青，那时在新疆，大多数人每天干完活就是玩，而他把赚来的“工分”拿去换画画的材料。后来因为有了画画的功底，返城后又赶上改革开放，因此在云南滇池对面的西山上给海内外游客画画，每天收入颇丰。就这样作为画匠干了很多年后，有一天他突然把画笔折断，开始去追求自己想要的人生，云游四方。我见到他的时候，他的画反而更值钱了，在滇池边的别墅里，满屋的画作，据说一幅画少则几万多则十万，甚至百万元。

我发现**不能靠时间换钱，应该提升能力与人际关系。**

这刺激了我。我的公司营收太低，因此与这个画家见面后的 2007 年，我放弃自己的公司，成为职业总经理兼小股东。可惜，不到一年就遭遇创业失败，一个月连 5000 元的生活费都给不了家人，那时我家老大刚出生不久。我记得很清楚，有一年我从外地回家，只剩下几万的积蓄，非常苦恼。即使如此，2008 年时，渴望旅行的我虽不能出游，但还是买了一本环球旅行的书籍来激励自己。

我知道要想走出人生的低谷，只有靠自己。

在低谷中，我继续学习，用信用卡分期报名了北京大学的金融课程。

我太太经常说我是打不死的小强。

为什么？因为我一直坚信，我可以通过努力，寻找到我的美好人生。

我曾经无数次绘制过自己的人生蓝图：

有健康的身体，良好的关系。

时间自由，财富自由，心灵自由。

有一处房子，无须太大，最好面朝大海，春暖花开。

阳光温柔地洒满房间，窗帘伴随着海风轻轻摇曳，浪花时不时拍打着海岸，远处，孩子们在沙滩上追逐嬉戏……家庭和睦，彼此在关系中成长。孩子们十分自律、友爱。

我和家人可以随时去地球上的任何一个地方。在童话世界一般的冬季感受寂静的荒原与小镇；在一望无际的山川滑雪，追逐北极光；在最美的海岛，潜入水中，探访海底丰富多彩的珊瑚和热带鱼……

有自己热爱的事业，工作时，我全情投入，为自己、公司、社会创造独一无二的价值。

十年过去了，如今我人生蓝图中的大部分场景都已实现。你一定很好奇，是什么力量让我逆袭和开挂？

② 和更多人的人生相关联，从利己转向利他——人生赢家卓越系统

有一天，罗斯柴尔德家族的一位继承人访华，我有幸在北京大学听了他的演讲，印象很深刻。他说："我发现中国的好学生都在学金融，而我们家族的人都在学哲学。"罗斯柴尔德先生的这句话启发了我的好奇心，后来我在冯友兰的书籍中看到了一句话，"**哲学就是对人生有系统地反思**"。

我如获至宝，似乎找到了和自己成功人生画面关联的技巧：最终，我必须有一个更宏观的格局，来思考人的一生该如何度过，而不是局限于个体和局部。

说来也巧，当"人生的终极目标是追求幸福"这句话映入我的眼帘时，我如梦初醒。这是来自哈佛大学幸福课的一个观点。95% 的人认为一个人最终的成功是幸福。但哈佛的幸福课里讲：幸福的人生是由"快乐、优势、有意义"这三个因子交叉重叠的部分产生的。幸福是有方法的，幸福的人

生，必须有服务他人的意义。帮助他人成功，自己的人生会更成功。我突然读懂了，自己的人生要和更多人的人生相关联，要从利己转向利他。

我迫不及待地在纸上写下：**让我快乐的事情是做事很有效能，有健康的身体，陪伴孩子，享受阅读时光，有时间旅行；我觉得提升自己和别人的生命品质、健康，非常有意义，帮他们解决问题，提升效能，节约时间很有意义；我觉得我自己的严谨有序是一个优势，同时具有灵活性，拥有战略思维。**

写在纸上后我突然发现，健康是快乐和有意义的交集，解决问题是有意义和优势的交集，还惊喜地发现效能是快乐、优势、有意义三者的交集。

短线作战，就好像在玩“老鼠赛跑”的游戏，这样会与梦想一次次擦肩而过，在原有的轨道拼命奔跑，但是不会产生任何改变！

基于过往的人生经历，对照成功的人生赢家，我决定，以三圈交集所产生的成功因子，树立一个立志高远的长期性利他共赢的目标，享受时间和投入带来的复利的威力，知行合一，自我成长，影响一亿人提升效能和幸福指数，我坚信在这个领域投入足够多的时间，我会成为人生赢家！

有了长期远大的目标，我热爱我的事业，并乐在其中，同时还能够为他人提供价值。渐渐地，我的事业有了滚雪球效应：时间管理课程人数从每次 20 人到 50 人；线下课程从北京到广州、南宁、深圳、成都、重庆，走向了全国。

我的一位远嫁美国的学员，把一位刚刚移民美国，并在互联网上开设电台的主播介绍给我认识，由此我把知识和技能的传播搬到了互联网上。我是互联网上最早一批开通教育培训的主播。得益于粉丝的帮助，我们的市场拓展到了海外。在我们的印象中，只有海外老师来中国演讲，很少有国人走出国门，但我要把博大精深的中国文化带向世界。我期待着有一天，可以在你们的帮助下，去到更多的国家，我们一起帮助更多人提升效能。

这其中最关键的因素之一，是我热爱这项事业，同时不断精进形成了优势，但最重要的是要有一颗利他之心。

6 年来，我帮助了很多人，帮助我的人也有很多，所以只有继续帮助更多人。我不断传播基于人生维度的效能思维，是不在于做多少事情，而在于把重要的事情做到极致。我们都要热爱自己的事业，每天高能要事，更要时刻感恩他人。

我有一个朋友是个跑步达人，他在跑步这个领域取得了很多成绩，例如：他多次完赛超级铁人赛，他的全程马拉松比赛用时小于 3 个小时，后来他找到了自己的成功因子：要帮助更多人健康运动，无伤跑步！于是他选择了与我们合作，把自己研发的理念传播给更多人。他从事跑步领域的工作，最开始的想法也只

是要减肥而已，不懂跑步的他受了伤，在医院里躺了一个月，此后读了很多关于跑步的书籍，并总结出一套“简爱跑步法”，同时对跑步产生了深深的热爱，于是他开始训练自己去参加各种马拉松比赛和铁人三项赛，后来又加入了我们的讲师团队。他从一个简单的目标开始，最后将其变成了自己长期从事的职业，把爱好转化成事业、人生使命，这就是找到个人成功因子的力量。

还有一位远嫁美国的学员，启迪我将时间管理的传播搬到互联网上，她是一个重庆姑娘，单亲家庭长大的她对婚姻一直没抱太大希望。在结婚之前，她是一个疯狂工作的人，把自己所有的时间和精力都投入到了自己的事业上，每天熬夜。她妈妈看在眼里急在心里，女儿已经到了结婚的年龄，却没有一点儿要结婚的动静。这样下去也不是办法，于是妈妈就开始像很多中国父母一样，变着法儿地催婚……后来她和妈妈同时找到爱情。她发现，有很多女性朋友在寻找幸福时没有方法，于是将自己的婚恋经验总结为一套系统的方法，开始培训更多人拥有恋爱的能力……而这一切事情的起因只是因为妈妈催婚，以及她想要解决自身的婚恋问题，但是经过时间发酵之后，她确认这就是自己的成功因子，于是它变成了她的事业和使命，她放弃了所有其他工作，和先生一起专注于帮助更多人实现幸福的梦想。

越来越多的人受益于高能要事的思想，因此这套理念被证明是有效的。

③ 梦想生态圈——卓越而不失衡的人生

上一章，我们讲述要和梦想谈恋爱，从自己的现实情况出发，由近及远，由简单到系统，由多到少，通过一年的时间选择八个领域的一些目标去尝试，然后逐步聚焦，找到自己的梦想，同时还要适度兼顾维持平衡的人生生态系统。

被选择出来的就是我们最高效能领域的事务，它们就是能让我们走向卓越的可能性目标。最终的人生成就可以用公式 $R_{max}=R_1+R_2+R_3+E_{max}\times(lifetime-T_1-T_2-T_3)$ 来表达。E_{max}

图 7.1　选做事 4-8

是最高效能领域，它往往是自己最有优势的领域。当自己的梦想与目标，可以服务到他人时，效能就会不断倍增。**“服务的人越多，效能越大”**。也就是说，如果这个优势领域又是自己所热爱的，并且可以利他、帮助到他人与社会时，那么就满足三圈交集，这就成为人生的卓越系统。

幸福人生和人生赢家是我们所提倡的重要概念，卓越是人生赢家的事业系统，我们要投入相当多的时间，同时我们要保障自己的人生不失衡，创造人生赢家的十项全能，即投入一部分时间关注自己的身心健康，以及维护自己的情感关系，这就是卓越而不失衡的人生。

践行：画出你的人生蓝图，找到你的三圈交集

参照我们正文中的示例来描述你的人生蓝图，它是非常远期的，是你非常想要的那种人生的样子。它有一个画面感，你可以把它写下来，也可以把它手绘画出来。现在它可能是模糊的，但是你可以不断去重复思考它，点点滴滴记录下来，然后不断丰富它。我就受益于经常去想象未来人生的蓝图，期待你可以找一个时间，第一次去做这样的工作！

第二件事，请你拿出一张纸，先写下你认为有意义的事情，再写下你认为做什么事情你会很开心、很快乐；再接下来，你感觉你做什么事情比较有优势，然后按照我们的模板（见图 7.2），分别把刚刚写下的有意义的、快乐的、有优势的事情，填入三个圆当中，看一看它们有没有两两交集？有没有三个圆共同的交集？如果有三个圆之间的交集，就像前面我提到的——效能，即我的三圈交集，如果有，恭喜你！这就是你的成功因子，你要基于你的成功因子，去做验证。最好把它跟我们上一章所讲的八大关注去做对照，如果在八大关注当中也有，而且在你过去的人生当中，这个领域你的效能比较高，它一定就是你的优势。那你一定要把它当作你

三圈交集表解读

三圈交集是梦想生态圈的种子。

林语堂说过：“梦想无论怎样模糊，总潜伏在我们心底，使我们的心境永远得不到宁静，直到这些梦想成为事实才止；像种子在地下一样，一定要萌芽滋长，伸出地面来，寻找阳光。”

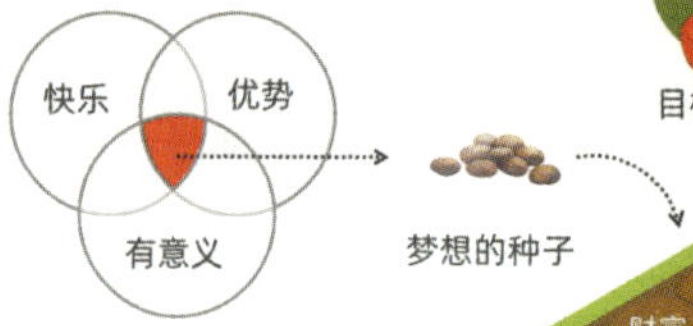

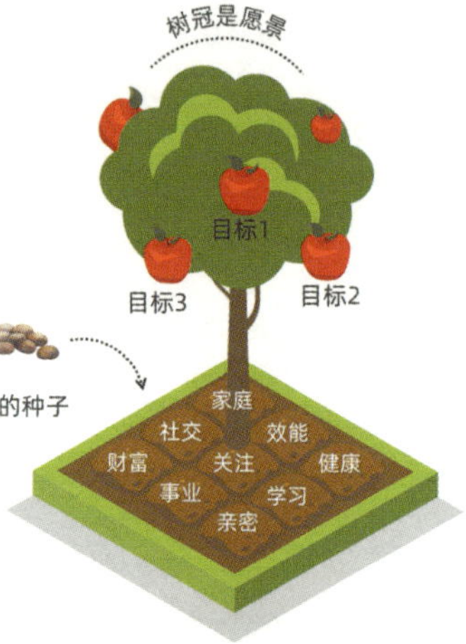

做什么事你觉得有意义？
做什么事你能感受快乐？
做什么事你会比较擅长？

请把它们一一记录下来，
按类型填写在下面“三圈交集表”里看看能否找到有意义，有快乐，又有优势的交集。
交集里的事，就是你的“成功因子”。

当你围绕着“成功因子”不断努力，你的成功&成长就会像滚雪球一样，越来越大，
否则就像笼中的仓鼠，在原有的轨道拼命奔跑，但是没有任何改变！

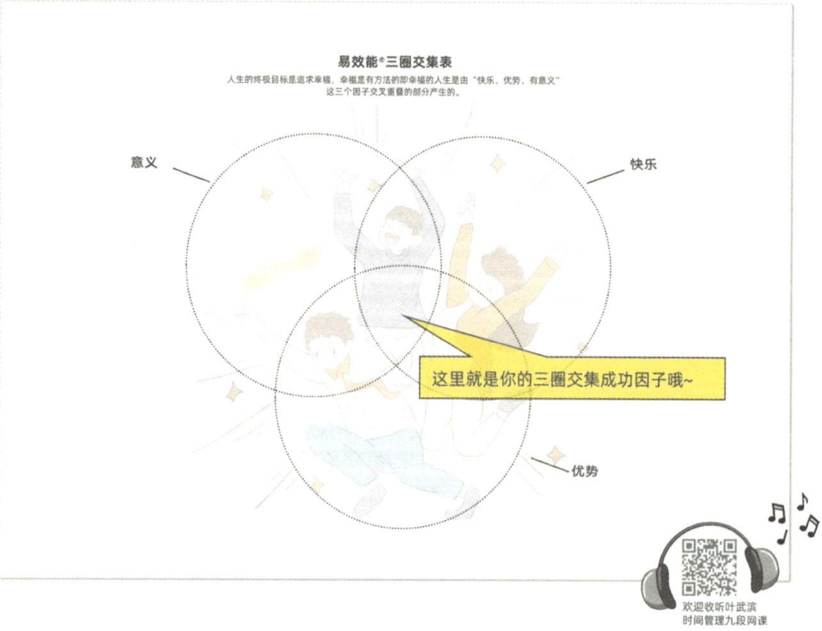

图 7.2　三圈交集表解读

人生更长期的梦想和目标，要基于利他之心来设计你人生的梦想，其实也就变成了你的使命。

这两个练习非常重要，你可以找一个时间，好好去做，祝福你的人生越来越好，灿烂如花。

第二模块小结：计划，包括项目、八大关注、人生的方向

到了第七段，我们的结构就越来越清晰了。

现在我们来做一个 5~7 段和 1~7 段的小结，5~7 段我们讲述了计划力，3 个月项目管理，让我们事半功倍，一年度的八大关注让我们生命圆满平衡，三圈交集让我们找到人生的方向与卓越使命，这样我们就可以过上卓越而不失衡的人生。

找到人生方向指引后，我们又不断在项目、日历或清单中，通过大量地、持续地围绕人生方向去抓住重点，推进高能要事，一步一步将我们的梦想变成了现实。当有了明确的人生宗旨，清晰的使命、愿景、人生蓝图之后，我们的项目和行动都被赋予了深刻的意义，执行起来更有的放矢，我们更多地在自己的优势领域，付诸行动并投入热情，形成一个正向循环，这让我们的人生越来越精彩。

我们对 1~4 段行动力和 5~7 段计划力做个关联性总结。行动力就是执行计划内事件的能力，计划力就是选择做什么事情的能力。加上 9 段的反思力，就构成了我们的双环系统。你可以看到计划—行动—反思是大环、是外环，计划，包括

项目、八大关注、梦想即人生的方向，它指引着短期的事件哪些是重要的。短期的事件我们由内环，也就是记录一排程一执行来管理，我们的最终落脚点是高能要事。

还有一个反思力还没有讲，也就是说如果要让我们的计划越来越准确，让我们的行动力越来越强，还要注意计划和行动的匹配。

记住 6 大关键点：

1. 项目是计划力的入门基础，PNAS 四个步骤，大家要练熟，这样大家出结果的能力就会大增。想得到某个结果，就制定项目的步骤，推进成为日历和清单事件并让它们围绕结果执行。

2. 八大关注是人生梦想的尝试系统，多尝试一定数量的短期小目标，除了人生必做题健康、家庭和社交，其他都是兴趣领域，这个理论的源头是回馈分析法，通过预期 - 结果 - 比较三部曲找到你的最高效能优势领域。

3. 慢慢在优势领域中，进一步找到快乐、优势、有意义三者交集的领域，把它提升为长期的人生目标、梦想和使命。

4. 使命就是和更多人有关的目标，一旦有了使命，你的思维会被开拓，创意会被激发，同时会得到能量回流，从而进一步激励自己投入精力和时间，去达成使命。但是找到三圈交集这个过程很漫长，你需要的是耐心。它不是规划出来的，是通过一系列行动和结果的对比而得来的。

5. 一旦找到值得终身奋斗的使命，记得不要忘记留出时间陪伴家人，呵护自己的健康，这会延长你的生命，让你有更多时间，并成为人生赢家，这点是非常关键的。我将在第八段详细讲述。

6. 人生有了明确的目标，每天的工作就有了重点，生活就有了节奏。这就是我们从一开始就提倡的线上人生。我经常说如何过一天就是如何过一生，朝向人生的目标，每天都能推进一点，高能要事，享受慢生活。一日看人生，分线上线下，线上的人呢，朝向人生，每天进步一点点，即使只进步 1%，最终你也会成为人群当中 1% 的人生赢家。

chapter

8

时间管理的基础是精力管理

高能，指的是相对完整的时间段，有合适的空间，人的精力也处于正向饱满的时候所形成的一种状态。在高能状态下，做对我们人生产生积极影响的要事，就是高能要事的价值。所谓“好钢用在刀刃上”，高能就是一块好钢。

如何拥有更多好钢？这就引出了我们这一章的主题，也是贯穿我们整个人生的命题——精力管理。

精力管理是一个人管理消耗和恢复精力的能力。和时间、金钱一样，精力也是一个人最重要的资源之一。精力管理是时间管理的基础。你要有旺盛的精力，才能经得起世事的挑战。

我们的精力，或者叫人体能量，是一个动态变化的复杂系统，它由高低正负构成了四个象限。当我们处于高正状态时，我们就积极主动，愿意推动事情的进展；当我们处于高负状态，我们就更热衷于跟人抱怨，或者发怒；而处于低正和低负状态时，我们可能就做什么事情都提不起劲来，完全失去了生命的活力。

要想保持生命的活力，我们不仅要学习如何科学地消耗和恢复精力，还要培养管控负向情绪的能力。吉姆·洛尔和施瓦茨・托尼的《全力以赴：高效能人士的精力管理手册》一书，把精力管理分为体能、情感、思想和精神四个维度。对于他们的理念我是非常认可的，下面我就援引他们的理念，结合我的实际应用，并综合多方面的研究，来详细讲讲人体能量和精力的管理。

脑力劳动者，往往会忽视体能对效能的影响。史蒂芬・柯维《高效能人士的7个习惯》中的第七个习惯是不断更新，他认为首先要不断更新的是我们的身体。身体能量是精力管理的基础。有调查表明李嘉诚和巴菲特90%的钱都是60岁以后赚的，由此可以看出：除了专注选择高效领域长期耕耘之外，还要健康长寿才会有更多的时间，同时精力充沛才能做好要事。

导致体能不足的罪魁祸首有熬夜、拒绝运动、饮食失衡等等。我总结了一下，如果你想身体健康，精力充沛，你一定要养成这三个基础习惯：好好睡觉、好好运动和好好吃饭。

1 试试用睡前清单来保障你的睡眠

我在前面的章节中把“一日五色工作法”中的休息定为黑色，代表黑夜、褪黑素，特点是静默和固定，这就是与睡眠有关的元素。睡好的关键是，睡够时间，作息规律，加上午休小睡和时差调节。

睡眠不足，我们的生理、心理，尤其是情绪就会受到显著影响。有数据表明，思想的效能，比如精力集中、记忆力和逻辑推理等都会受到睡眠的影响。科学家普遍认为，一般人每晚要睡 7~8 小时才能保证身体处于最佳状态。还有研究表明每晚睡 7~8 小时的人群死亡率最低。

什么时候睡很重要。获得 2017 年诺贝尔生理或医学奖的“生物钟理论”，告诉我们熬夜等于慢性自杀！它同时也佐证了我一直提倡的现代人也要早睡早起、日出而作日落而息、过晚十早五这种生活方式的正确性。

为了确保睡眠质量，我们还要顺应睡眠周期入睡和叫醒自己。《睡眠革命》一书的作者提出了“睡眠周期”的理论。90 分钟是一个人经历从浅睡到深睡等各个睡眠阶段所需的时间总和，深度睡眠时我们生长和修复得最多。设置合理的闹钟会慢慢地帮助你建构起良好的生物钟。保障睡眠时长在 7~8 小时，且在第 5 个睡眠周期后自然醒来。这是活得久的关键因素之一。

同时，我们可以养成每天进行最多 45 分钟的午休、小睡的习惯，世界上很多拥有伟大成就的人都很清楚午休的重要价值，例如温斯顿·丘吉尔说：“你必须在午餐和晚餐之间抽空睡一会儿，这样就能把一天当作两天用——至少是一天半。战争开始后，我也必须保证白天休息。只有这样，我才能完全担负起自己的责任。”

我已经这么做十几年了，每次午休之后总会让我神清气爽。我在上课时，大家总问我为什么可以从早上起床直到晚上 22：00 始终保持良好的状态，其实这与我很注重午休、小睡、见缝插针的冥想和打盹儿有关。

不管在什么环境下，我都非常注重休息，我有专门的睡眠小包，带有眼罩、降噪耳塞、舒曼波手环。除了给家人开车外我自己出门几乎不开车。在飞机上、车上的时间我往往都用来睡觉、午睡或者打盹，工作的间隙，我也会小憩。在长途飞机上，人少时我会在两个座位之间切换，一个用于工作，另一个用于躺下休息；在房间里就更方便了，工作中间的休息时间，我会马上设置计时器 5 分钟或 10 分钟，并及时躺下。

时差是影响精力的一大因素。往返于世界各地，我会根据抵达目的地的时间，提前倒时差，如抵达时是晚上就睡觉，抵达时是白天就工作，往往时差对我的影响只有一天，远低于一般人。例如，我三月份从北京飞到伦敦，落地时是晚上，在飞机上没睡太多，然后用 255 工作法工作，到伦敦就困了，刚好晚上睡觉。同理，我从米兰飞回香港，落地时间是早上 6：00，所以一上飞机我就拍了几张阿尔卑斯山的雪山景色，没吃饭就睡了，饱睡一觉，恰好可以吃早餐，欣赏一会儿美景。再从香港去深圳，抵达后上午补了时差觉，设好闹钟下午醒来，理发吃饭，然后进入提前安排的会议一小时。不是所有人都会像我一样“四处奔波”，但从我分享的经验中，你会感悟出要把事件管理和精力管理融合在一起的要义。

我这里列出一个提升睡眠质量的清单，你可以试着照做一下：

1. 每天保障睡眠时长 7~8 小时，最好是 5 个 90 分钟，固定时间早睡早起。

2. 提前调低卧室的温度，可以帮助你快速入眠，但睡前最好关闭空调。

3. 戴上眼罩或者拉上窗帘，黑暗的环境有助于人体内的褪黑素生成，帮助入睡。

4. 电子设备放在远离床的位置，譬如放在卫生间充电；设好闹钟，闹铃响了以后马上起来关掉，再洗把脸就清醒了。尤其要戒掉睡前刷手机的习惯。

5. 睡前仪式很重要，与孩子互道晚安、泡泡脚等等，做完这套流程自然就想入睡了。

6. 睡前冥想，或者睡前听书，听一会儿轻音乐、大自然的声音，可以舒缓我们的精神，有助于睡眠。我们家十多年来都有睡前听书的习惯。

7. 注意午休。早睡早起后加上时长在 45 分钟内的午休，可以帮助我们恢复精力，下午也能精力充沛。午休时可以戴上眼罩，环境嘈杂可以戴上耳塞。

8. 减少夜晚社交，晚餐少吃。适度运动，多晒太阳，但要避免暴晒。

2 坚持锻炼，有氧运动和无氧运动相结合

大量研究表明，适当进行有氧运动和无氧运动，对我们

的身心健康、精力水平、个人效能和团队生产力有着重要的影响。

如果想减去多余脂肪，提高心血管功能，游泳、快走、跑步等有氧运动效果最好；想要身体线条健美，肌肉饱满有弹性，新陈代谢好，则使用大重量的运动器材进行无氧运动效果更好。

我特别要推荐《精力管理》一书中讲到的一个观点：一项由哈佛大学和哥伦比亚大学联合发起的研究表明——一串时间简短而剧烈的有氧运动，再加上彻底的有氧恢复，仅在 8 周内，实验者的心血管健康状况、心率变异性以及情绪等都有明显好转，还有证据表明，他们的免疫力增强，舒张压下降。

适当的运动有助于我们增强体能，保持有型的身材，心情舒畅、朝气蓬勃、减缓衰老，以及降低患上心脏病、高血压、糖尿病等疾病的风险。

行动起来，做自己精力的主动管理者

管理精力的三个步骤：

1. 目标：如何依照我们最深层次的价值取向分配精力？

2. 计划：在认识自我的基础上制定做出改变的计划。

3. 行动：缩小“现实的我”和“理想的我”之间的差距。

我在这里列出了一些具体的行动，供大家练习提升自己的精力。你可以根据自己的现状，列出自己要改善的具体行动，利用周表进行核查。这一周全部做到第一项，再在下周开展第二项。依此类推。

行动：

早起

晨间日记反思过去一天

检视人生梦想

计划一天的安排

好好吃早餐

运用 255ABC 工作法

休息喝点吃点

饮食平衡

轻断食减少晚餐

低糖指数食物

每天午休

见缝插针打盹儿

每周三次锻炼

间歇性力量训练

每天深呼吸

每天冥想

碎片时间刷手机

休息时给家人打电话，完成“时常想家计划”

每周找一个朋友见面午餐，完成“年度五十人好久未见计划”

每周感谢两个人，完成“年度一百人感谢计划”

每周两次到点就下班

每周在家一天

在家断网

节假日家人模式

在家接送孩子

早睡

践行："爱上做某件事"的秘方

给你们传授一个“爱上做某件事”的秘方。很多来我线下课的学员都很忙，他们大多没时间运动，也不喜欢运动，还有些人花了很多钱办了健身卡，但是一年去的次数 5 个手指头都能数得过来。

为什么明明已经花了钱，也下了决心，却还是不能做好一件事呢？因为坚持是痛苦的，热爱是愉快的，靠毅力去做一件你不喜欢的事一定难以长久，但是如果你能在做一件事的过程中发现快乐，并且爱上它，你就能愉快地做下去，并且获得你想要的成果。

那么接下来，我就通过教会大家爱上运动这件事，揭示“如何让自己爱上做某件事”的秘诀。

学生时代的我也是一个“跑渣”，比起去操场跑一公里，我更愿意待在图书馆看两本书，所以我的体育成绩也是需要补考才能过，后来毕业做了企业高管，我的员工中有一个“牛人”，没事就刷个 10 公里。

跑 10 公里，对那时候的我来说简直是这辈子都不可能做到的事，当然后来我做到了，还在 43 天的时间内训练自己跑了个半马，从此养成跑步的习惯，并影响了许多人开始跑步，他们甚至跑得比我还好。

那我是怎么做到的呢？

“烂开始，好开展，好结果”

第一步，也是最重要的一步，就是“开始”！我常说：“烂开始，好开展，好结果。”别怕开始有多烂，我们可以在做的过程中慢慢改进。如果要做一件事，你首先想的是选一个黄道吉日，或者所有条件都具备，那你在第一步就比“烂开始”的人落后了。

第二步，慢！慢以致远。我们在刚开始做某事的时候就容易热血沸腾，急于求成的心态就开始出现，恨不能一下子飞跃十万八千里，瞬间就取得真经。但生活往往会让我们知道：捷径是不存在的！所有的捷径到最后都会变成弯路。只有通过不断地刻意练习，我们才能逐步提高。

当我们还没有具备某种能力的时候，例如我们还没有养成运动的习惯，跑 500 米都还在喘的时候，我们就要让自己“慢”下来！

这里的“慢”指两个方面：心态和训练。

心态上的慢，是要接受自己才刚开始，能力还弱的现实，对于自己心中的那个目标，除了专注守望之外，切忌有一蹴而就的心态，“着急”是很多人的致命弱点！让自己更耐心一点，学会投入时间和精力，累积势能。

另外就是训练上的慢。

在跑步的训练上，我们更应该慢下来，监测自己的心率，感受自己的呼吸，刚开始时一切应该以“舒服”为准，跑步时心率在 130~150 是能让人感到快乐的最佳减脂心率。切忌盲目求快，快容易让自己受伤，也让跑步变成了压力，从此难以爱上跑步，然后运动这事儿就变成了一次性事件，不能持续。

慢下来，控制好心率，持续跑 30 分钟以上，让身体分泌出足够的内啡肽和多巴胺等能让人产生愉快情绪的物质。我和大家一起跑步，说说笑笑，慢慢跑个 5 公里，大家都有这样的感觉：“原来我也可以。”有同学说，居然发现自己还没有老。这是何等幸福的感受啊。

不累，又可以跑完，慢慢地那愉快的感受就能让你爱上跑步，很多人跑了第一次，就开始坚持跑步了，随着体重减下来，身材变好，精力提升，大家获得了新的跑步的动力，也就坚持跑得更久了。有的人还设定了半马、全马的目标，然后又获得新的动力。

当你已经有了运动的习惯，接下来你就可以循序渐进地从单一的运动模式，例如只做跑步这种有氧运动，变成无氧的力量训练搭配有氧运动交替进行，或者做更高难度的间歇性运动。这些是在你已经有了一定基础的前提下才能做的，不能一开始就这么生猛，否则容易受伤，甚至晕倒。等你步入更高阶层，你还可以给自己找一位好导师，指导自己做更专业的训练，提高成绩，参加比赛。

白宫学者黄征宇在《终身学习：哈佛毕业后的六堂课》中提道：运动能给我们带来充沛的精力、完美的身形、健康的身体和睿智的头脑，以及永不放弃的意志，这种生活绝不是要牺牲些什么，而是一种追求和幸福，也是一种人生享受。所以，运动是需要终身做的事情，是最重要的人生基础习惯之一。

现在每周规律运动几乎已经成了我线下课学员的标配，大家很容易就养成了运动的习惯，其中有因为爱上运动，获得了人生的掌控力而升职加薪的；还有运动后身体和情绪都有很大改变，从而改善了夫妻关系的。

做好一件事，成功的喜悦会传播，也可复制

做好一件事，这种成功的喜悦会传播，也可复制。

从 0 到 1 很难，从 1 到 100 就简单多了，所以“烂开始”，从一件小事做起，从跑步运动做起，慢下来，循序渐进地开展，你会发现成功会来得比我们想象中更快。

人生的成就和财富都是累积的结果，巴菲特一生的财富大部分都是在 60 岁之后获得的，他的人生诠释了“复利的威力”。“烂开始”之后，不能一直烂下去，要持续做，不断更新。也许慢以致远才是能让我们成为人生赢家的重要秘密。

好了，你学会了“如何让自己爱上做某件事”了吗？我用跑步这件事做了举例说明，希望你开始慢跑，加入我们的行列。其实不出一个月你就可以比不跑的人跑得快很多，可能两个月你就可以跑完半程马拉松，如果你有意进一步训练，一般情况下六个月或者一年就可能跑完全程马拉松。希望你能够举一反三，从跑步这件事情当中获得更多的思考，活出精彩。

chapter 9

实现终身精进

写这篇稿件时我是在东京飞往纽约的飞机上，因为抵达纽约时是晚上 18 点，所以我选择在飞机上午休、吃饭和工作，到了目的地就睡觉。

我们团队倾心设计的“时间管理九段”，如果你已经全部掌握，那你已经走上了人生的快车道。但时间管理能力当然不止九段，虽然在我的概念里也没有十段，但第九段是一个具有持续成长性且不设终点的概念，每个人的天赋和才能都不一样，但每个人都没有成长的天花板，我们要不断精进与完善。

在前面的章节中，我们讲完了行动力和计划力。这一章培养你把行动力和计划力连接到匹配的能力，也就是反思力，让计划等于行动的能力。

为行动力和计划力保驾护航的反思力

“反思—计划—行动”和“记录—排程—执行”共同构成了我们的“双环”（见图 9.1）。内环“记录—排程—执行”是行动环，让我日理万机，聚焦重要紧急事件，而外环“反思—计划—行动”可以帮助我们计划并过上卓越而不失平衡的理想人生。

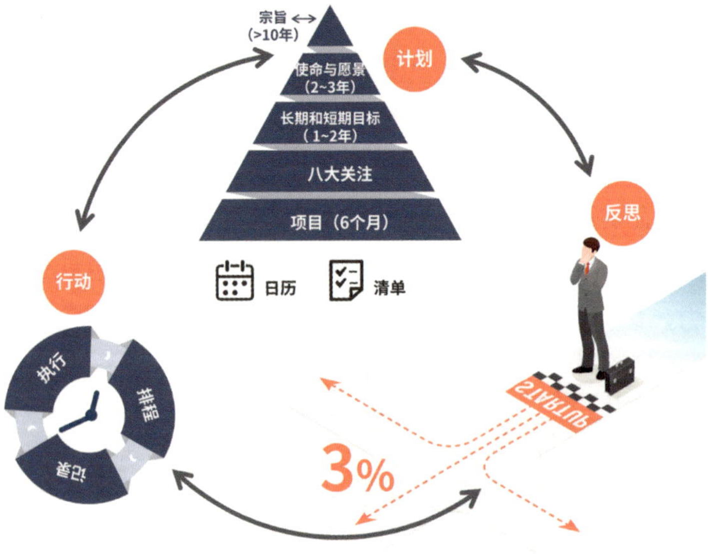

图 9.1 “反思—计划—行动”和“记录—排程—执行”双环

反思力作为最重要的压轴戏而登场，我把它放在最后来讲，是因为它可以为前面的行动力和计划力保驾护航。

做事情，想要顺利取得我们想要的那个结果，需要经过三次创造：一次在脑中，一次在现实中，还有一次在行动后的反思中。

经验来源于行动，行动加上反思等于智慧。**反思的重要意义不仅在于它能帮助我们及时发现错误、修正行为、提升智慧，还能帮助我们发现和培养自己的优势，找到人生方向，从而每天高能要事出成果。**反思是保证计划合理、行动有效的法宝。

举个例子，昨天晚上快睡觉时，我知道飞机要晚点一个小时，且我家离机场很近，但我还是提前 3 小时出发，我的习惯是留出充裕时间。我的同伴家离机场比较远，他不知道飞机晚点，按照正常日程安排，也赶来了。然而值机时，人家发现他没有登记美国 eVUS，不给值机。我让他赶快处理，而我自己顺便打电话商量暑期家庭美国行程。我处理完事情后，发现他还要做很长时间，我就开始帮他。因为这之前我的 eVUS 刚过期，填写很多细节很麻烦，4 月底在广州年终总结期间，我让一位同事帮我填写、更新好了，所以算是有经验了。最后，我和同伴花了接近一个多小时才搞定，这才从容出发。

路上，我和他聊天，分析这次事件：

1. 今天飞机算是为我们晚点，否则时间非常紧张，我们甚至会赶不上飞机。

2. 人都是有盲区的。其实我们公司有一位同事 eVUS 委托外包时，我在会上提及过。这位同伴有印象但不深刻，没有转化为自己的“填写”意识。

3. 我告诉他，什么事情第一次做，没有经验，需要保持好奇心，仔细核查。

4. 对于我来说，就要多提醒第一次做事情的人，注意一些关键细节。否则，像这次这样，假设同伴没赶上飞机，就会影响到我工作上的配合。

5. 凡事提前处理，可以委托专业人士。同时今天让我想到要赶紧把家人的 eVUS 委托填写了。

6. 总有紧急事件，所以要留出充裕时间。

我相信我和同伴以后遇到类似的事务都会处理得更好。其实，这就是反思的价值。常年的晨间日记让我建立了反思的思维，并不断修正行为，建立了好的做事习惯。很少发生那种意外突发事件让我手忙脚乱、疲于应付的情况。

米开朗琪罗说："我凿去多余的石头，'大卫'就诞生了。"

米开朗琪罗说："我去了趟采石场，看到了一块巨大的大理石，在它身上，我看到了大卫。于是，我凿去多余的石头，只留下有用的，'大卫'就诞生了。美就是净化过剩的过程。"

台湾著名漫画家蔡志忠也说过类似的话："每块木头都可以是一尊佛，只要能去掉多余的部分；每个人都可以是完美的，只要肯去掉缺点和瑕疵。"

所以，反思的真正价值在于帮助我们去伪存真，在反思的过程中我们要不断强化正向做到的，记录没做到的，改进没做到的和没做好的部分。去找到真正的自己，然后成为更好的自己，最终活成自己想要的样子！

善于反思是伟大人物的共性

我阅读了大量的伟人传记和名人采访，发现古今中外的名人伟人几乎都有做反思的习惯。

《曾国藩家书》里记载，曾国藩在自己31岁时给自己订了个“日课册”，名叫《过隙影》：“每日一念一事，皆写之于册，以便触目克治。”“凡日间过恶，身过、心过、口过，皆记出，终身不间断。”他还有一个习惯是师友加持，日记要给师长和朋友传阅和评价，也激励自己改进，因此就慢慢进步了。类似今天我们在朋友圈写日志，大家点赞评价。

明代思想家袁黄，结合自己的亲身经历、毕生学问与修养，在所著的《了凡四训》里讲述，要对自己每天的行为进行打分，善行打正分，恶行打负分，分别记入功格和过格，用正负数字标示，只计其数，不记其事，每夜自省，月底作一小计，年底再将功过加以总计。功过相抵，累积之功或过，转入下月或下年，以期勤修不已。

稻盛和夫也在自己的《干法》一书中说，在一天结束之后，回顾这一天，进行自我反省是非常重要的。他引用了英国哲学家詹姆斯·埃伦在《原因和结果的法则》一书中的观点：

人的心灵像庭院，出色的园艺师会翻耕庭院，除去杂草。我们需要通过天天反省，翻耕自己的心灵庭院，扫除心中的邪念，培育自己的善良之心。

本杰明·富兰克林关于反思也有一套自己的做法，早上起来他会问自己：今天我要做些什么？晚上睡觉前再问自己：今天我都做了些什么？他还有一个非常著名的“13 条自我修炼戒律”，用在一个小本上画表格、标小黑点的方式，一周一条戒律严格地审查自己，以帮助自己培养出优秀的人格。

麦克·罗奇格西老师也总结出了一个非常棒的理念叫“六时书”，就是拿出一个空白的本子，把它打开，在上面画一条竖线和两条横线，把一页纸均分为六个小格，在一天的六个时刻，停下手里的事，打开这个小本子来记录自己的状态，每天分六次检视自己的进步得失。

管理学大师彼得·德鲁克在他的《德鲁克论亚洲》一书中写道：“每当一个天主教神父或卡尔文教的牧师要做一件重要的事情，比如做出一个关键性决定，他必须在事前写下自己预期的结果。9 个月之后，他会将实际结果与预期结果进行反馈分析。这样他就能很快明白：他哪一部分做得好，他的长处在哪里；同时，他也可以看出自己还需要学习什么，哪些习惯是需要改变的。这种‘回馈分析法’可以帮我们找出自己不能或是不该做什么，并且清楚自己的长处所在，知道如何发挥长处，这些是获取成功的关键因素。”

反思的习惯让各位大家巨儒知道自己干了什么，以及未来应该干什么，反思的路径就是他们成功的路径，也见证了他们的不懈努力。

你要学着来反思。接下来我们讲反思的层次和内容。

实现终身精进：日课 6 省

反思有层次，我们通常会对一件事或一个计划进行反思，而在事件之上，加入时间和生命的维度，做时、日、周、月、年的反思，是更全面的反思系统。

按照我们前面提到的近细远粗和自下而上的原则，今天我敦促大家一定要格外重视日反思。绝大多数人一年关注自己的目标与得失一次，而伟大的人物，是以日甚至以时为单位进行反思的，我们亦如是。

我前面讲到过，早晨写晨间反思日记，一天一次，你可以根据自己的实际情况以及我们的建议，做单方面或多方面的反思。

在此基础之上，我来讲讲更高段位的日反思——帮助我们实现终身精进的不二法门：日课 6 省！

《论语》中曾子说，“吾日三省吾身”。这里的“三”是多的意思，时时反思很多人难以做到，但当你有一定的基础之后，一天多次反思是能够做到的。

我发现用手表闹钟 + 标签 + 录音或者文字记录来实现日反思，效果非常好。

因为大脑内存有限、容易遗忘的特性，尤其当我们专注于某事的时候，就容易遗忘或忽略其他事，所以设置闹钟提醒，就是到点提醒我们要转而专注某方面，回顾反思，或者及时计划下一步行动补救。

我自己写日记已经超过 10 年，每天进行一次多方面的反思早已成为习惯，但是在今年 1 月去美国亚利桑那州圣多娜做时间管理分享交流之后，我把自己的反思从一天一次多方面反思，加码成了一天多次多方面反思。

我在自己的智能手表 Apple Watch 上设置了闹钟提醒，每天 6 次，分别在 10：00、12：00、14：00、16：00、18：00、20：00，到点就提醒我要“珍爱生命”和“慷慨助人”，这两项是我认为最重要的。两项分别各交替提醒 3 次，每次收到提醒后，我就回顾过去两小时有没有做到，如果有我就记录，如果没有就要及时补救。

第一天 10 点钟闹钟响了，我一看手表“珍爱生命”，回顾过去两小时，却发现好像什么都没有做。但想到水是生命的源泉，于是我马上拿起水杯开始喝水，想着第二个闹钟是“慷慨助人”，然后提醒身边的伙伴也给身体补充饮水，同时照例按照我的习惯，走的时候，为房间复位。

12 点闹钟再次响起，我很开心。回顾过去的两个小时，自己有做到慷慨助人，因为当时在路上，所以用手表 App 语音记录。

随后我们一行人抵达凤凰城，在准备登机时，因为我是头等舱，就率先走过去，结果发现大家用异样的目光看着我，我询问工作人员，才知道现在正在让残疾人先行登机。惭愧惭愧，因为自己没有觉察到，正好16点的闹钟响起“慷慨助人”的提醒，我记录自己下次应该多注意礼让。上了飞机之后，让他人先通行，再放自己的行李，我发现自己觉察力在上升。

每天每隔2小时一次的提醒，让我在珍爱生命和慷慨助人上不断精进，我感受到自己正一点点迈向我想要的方向。

回国后，我和家人去滑雪场度假，手表到点就提醒我要珍爱生命，于是我把滑雪工具再三检查并照看家人，才走进雪场。上了缆车，坐在对面的陌生雪友，打完电话把手机放入口袋后没拉拉链，这样出去滑雪，手机有可能就丢了。于是我提醒他拉上。其实以前这种事情，我不太关注也不好意思提醒。

我从这种反思的方法中受益颇深，于是开始跟身边的人分享，收到了很好的反馈之后，我就把它融进了我们的知识体系，让更多人受益。

用手机设置闹钟，一天提醒自己6次，是快速提高觉察力的有效方法。之前我倡导学员一定要养成写晨间日记的习惯，它确保你一天至少可以做一次单方面或多方面的反思，今天，我建议已经建立日反思习惯的你适当加码，一天多次，进步的速度会更快。

你的反思一定是从你梦想生态系统里的八大关注中来

反思的层次讲完，你可能会说："我不知道该反思些什么。"

幸福的人都是相似的，不幸的人各有各的不幸。那么幸福的人为什么相似呢？经过大量的查阅和统计，我们发现，90% 的人生赢家不仅仅在财富、事业，还在健康、家庭和人际关系等领域有着惊人相似的建树。

所以你的反思内容一定是从你梦想生态系统里的八大关注中来！根据自己的现实情况，我建议你从"健康、家庭、效能、财富、事业、旅行、社交和学习"这八大维度出发，设立目标和设置提醒。

我一个悉尼的学员就是这种反思习惯的巨大受益者。他平时工作非常忙，做的产业很多，长期下来自己的健康和家庭生活都受到了很大考验。然后他用了我这种方法，手机到点就响，收到提醒后他就停下手里的工作，反思自己在过去的两小时里，是不是还是工作狂的状态，有没有关注健康？如果没有，就马上命令自己休息 5 分钟。

今年 4 月份时，我们在墨尔本相遇，他告诉我，通过不断地提醒，10 天后，他已经从以前总是自己埋头苦干的状态，变成了早上一睁眼，就想着把什么事情委托给什么人。一个月后，在已经能够把关注健康和学会委托这两件事做得很好后，他将提醒事项增加到四个，加入了“回复电话”和“帮助他人”，过了一段时间他又加入了“亲密关系”，并将其放在第一位，每天都被闹钟提醒，现在要为妻子做点什么事情了，这让之前快要被妻子排除出核心关系圈的他，又有了恋爱时的感觉，幸福感大大提高。

我还有一个学员，我让他当众承诺每天为减肥 30 斤做一件心甘情愿的小事，并设置了 6 个闹钟，结果 17 天减重 10 斤，54 天减重 17 斤，身体体脂率和内脂全面下降。记住，他的当众承诺不是 90 天之后再来评估，而是每天被提醒 6 次，每天都做一件心甘情愿的小事。

你的反思和行动在哪里，你的成果就会在哪里。从八大关注中提取值得反思和不断关注的事项，也需要遵循“循序渐进”的原则。初学者，不是要让八大关注里的所有事项都一次性进入提醒系统，即使被提醒也可能做不到，或者没时间做。建议你严格谨慎挑选一两个开始。

我提供范例供你参考吧：

健康方面可以设置提醒自己珍爱生命；

家庭方面可以设置闹钟提醒自己关心父母、亲密关系、孩子学习；

效能方面设置提醒自己要高能要事；

财富上提醒自己关注业绩、分享财富、要帮助更多人财富成功；

事业方面我给自己设置的提醒是提升学术水平、商业效能课程体系更新完善等；

旅行方面我的提醒是人生百国和 2020 南极之旅；

社交方面，我提醒自己要慷慨助人，并且执行谢天计划，每年感谢 100 位朋友，执行好久未见计划，每年和 50 个人见面午餐，说正面积极的肯定语言等；

最后在学习方面，我提醒自己今年要听书 100 本、学习英语。

目前，我设的 6 个闹钟是珍爱生命、慷慨助人、亲密关系、关心父母、亲密关系、孩子学习。

模仿是最好的学习，你的反思内容可以参照名人和伟人提升人格类的内容，或者像我一样从自己的八大关注的梦想目标中寻找，初期你可以从 1~2 个开始，1 天循环提醒 6 次，等你的能力逐渐增强，3 个月后你可以设置更多。据麦克·罗奇格西老师的助手陈先生介绍，一个高级的修行者，从每天 10 项开始，到 20 年后，大师给了 480 多项提醒，1 天 6 次提醒 6 项，今天 1~6，明天 7~12，后天

13~18，依次进行，轮完一圈需要 80 多天，这是大师的终极行动。

你是不是准备或者已经设上闹钟了呢？记得加上标签哦。

最后的彩蛋：真正的时间管理是基于人生赢家而进行的生命管理

很开心在纽约为大家写这本书的最后一些文字。

我一直想跟大家额外说些什么，其实我最想告诉你：

“人生很美好，这辈子，你既然来了，就好好幸福地活一回。”

在我的理念里，时间管理的最终目的是：帮助我们获得一个值得拥有的幸福人生。那今天来揭晓幸福的秘密吧！

最幸福的人生应该就是人生赢家们的人生，一种卓越而不失衡的人生状态。我在几个节目当中都讲过，人生赢家的理念来自哈佛大学的调查，这项调查开始于 1939 年，只为了追问：“什么样的人，最终会成为人生赢家？”

是社会名望吗？

是财富多到让人羡慕嫉妒恨吗？

不，幸福与成功、富有的关系不大，只占 20%。

一旦我们的基本物质需求被满足了，财富就帮不上什么忙了。

智商超过 110 以后，就不再影响收入水平；家庭的经济、社会地位高低也影响不大；外向内向无所谓；家族里有酗酒史和抑郁史也不是问题。

经过近 80 年、每 2 年一次的调查问卷、每 5 年一次的面谈，积累了几十万页调查资料。基于研究分析和观点提炼，哈佛大学的这项调查告诉我们，人生赢家需要十项全能，最重要的十项标准里只有两条跟收入有关，四条和良好身心健康有关，占据大头的四条，则和温暖、和谐、亲密的情感关系有关。

虽然我未获取十项全能的细节，但是这个理念对我影响巨大，经过我自己的探索总结，并和学员们一起实践。

人生赢家的关键：

必须 80 岁后仍身体健康、心智清明，没活到 80 岁的自然不算赢家；

60~75 岁间与孩子关系紧密；

65~75 岁间除了妻子、儿女外仍有其他社会关系；

60~85 岁间拥有良好的婚姻关系；

收入水平居于前 25%。

良好、亲密的关系有利于我们的健康和脑力处于完好状态，既保护身体健康，也保护大脑的记忆力。反之，则等人到中年后，健康状况便会每况愈下，大脑功能下降得更快，也不会长寿。

爱、温暖和亲密关系，会直接影响一个人的“应对机制”。只有好的社会关系，才能让我们幸福、开心。一个被爱过的人才会爱别人。这一点我经常传递给学员。

我有位新疆的学员得过癌症，虽然被治愈了，但一直不敢正视自己的病，因此抑郁了。她说她的世界是灰色的，但我告诉她“黑白之间是彩虹”。后来她跟着我学习时间管理，在一个积极向上的圈子里被激活与唤醒，得到很多人的鼓励、支持。她感觉每个人都伸出手将她从冰冷黑暗的海水中救出，并且让她拥有了重生的力量，爬上岸，把爱带回家、带给家人，让家人觉得她变了，变得温柔、积极、阳光、乐观。

今天，我要重点强调：

良好的关系还会影响财富。据一项研究表明：与母亲关系亲密者，一年平均多挣 50 万元。跟兄弟姐妹相亲相爱者，一年平均多挣 35 万元。原来赚钱靠的是父母和兄弟姐妹啊！

年轻时你和大多数人更关注成功和富有。但研究显示：**发展得最好的人是那些把精力投入关系的人，尤其是和家人、朋友和周围人群的关系。**

现在你可以想象一下：当你老去，回顾自己的一生，发现到了年老的时候，还有很多人记挂着自己，有亲密的另一半和孩子，以及社会关系互相支持着，那才是真正的人生赢家。

所以说，**真正的时间管理是生命管理，基于幸福的人生赢家而进行时间管理。**

以终为始，接下来，我就来总结叶武滨版的人生赢家的十项全能：

两项和金钱有关，我认为是赚钱和实现财富自由的能力。

四项和身心健康有关：我认为是维持健康延长寿命、时间管理、空间自由和心灵自由的能力。

四项和情感关系有关：我认为是爱的能力、人际网络、影响力、人生使命。

1 赚钱的能力

金钱不是万能的，但没有钱是万万不能的。我们可以选择好好工作获得回报，或者创业成功，通过经商快乐获利并和团队共享。除此之外，还要通过经营、投资和融资三驾马车为你的企业产生更多利润，实现收入最大化，成本最小化。过去十余年，通过学习、创业，以及在金融、法律和财务领域的经历，我掌握了快乐赚钱的商业哲学和方法。

你觉得这个重要吗？如果具备了这个能力，你的人生会怎么样？

② 财务自由的能力

年轻时，你健康能干，高收入高支出。后来你衰老了，学习变慢了，没有精力工作了，病痛接踵而来，支出会更高。很多运动员、明星最后都穷困潦倒地结束了一生，原因就是没有投资理财的能力。

所以在年轻时，你务必要开始学习投资和理财的能力，远离金融风险，要建立长期复利的思维，放弃短期套利的行为，通过投资固定资产、知识产权，获得长期被动收入，实现财务自由。

我认为这个比赚钱更重要，你能搞懂收入、支出、资产和负债跟你人生的关系吗？穷人用时间赚钱用于支出，一般人赚钱、负债、投资并支出，富人投资知识资产，实现资产产生现金流，用于支出，无须工作，最终工作的意义不是赚钱，而是帮助他人。

这是一门学问，你要花时间掌握，最好是找个导师。

③ 健康

这是最重要的，任何人都知道。但是有多少人真正明白，李嘉诚 90 多岁的时候一年的财富就增长 38%，沃伦·巴菲特 90% 的钱是 60 岁以后赚的。活得久才是关键，但维持健康是一个重要能力，也是习惯和生活方式。无数人没有时间关注健康，透支健康。而多年实践表明，我找到了一套高效能、慢生活的生活方式，可以让自己拥有健康，保持体重，不抽烟不酗酒，获得更好的睡眠、更平衡的饮食，重要的是能够建立终身运动的习惯。

维持健康的能力往往和一个人的自律有关。你重视并掌握这项能力了吗？

4 时间管理

彼得·德鲁克说，自我管理的核心第一要务是时间管理，你必须掌握时间管理的能力，找到、发展并发挥自己的优势，学会聚焦，去获得16倍的人生效能。同时，找到正确、长期的人生方向，明确了工作的重点，减少工作时间，才能有时间去把生活慢下来，才有时间获得健康长寿，进而反过来支持人生出更多的成果。你需要具备行动的能力、计划的能力和反思的能力。

这个能力你已经通过我的九段课程正在培养，测试一下，目前你的段位如何？要继续学习哦。

5 空间自由

人们想要获得成功、富有，越来越需要创造力和想象力。你必须拥有知识，这是创造力和想象力的基础。知识不仅仅来自阅读。世界是一本书，你应该拥有旅行的能力，行走百国，读万卷书、行万里路、见多识广，人生才会更成功。我行走了许多国家和地区，一边工作一边旅行给予我宽广的人生版图。

⑥ 心灵自由

活了105岁的日野原重明先生在《活好》这本书里说，世上有很多看得到的好东西，但也有很多宝贵的东西肉眼无法看到。这些看不到的东西，才能真正丰富我们的生命，让我们感到幸福。而一味追逐名利地位和物质财富的人生是悲哀的。

在今天的世界里，我发现很多人已经很有钱，但是没有管理好自己的人生，浪费无度。甚至，赚钱已经成为很多人的本能，殊不知，有的人即使用一辈子也不需要这么多钱。

其实放下也是一种能力，回归精神世界获得心灵自由非常重要。你觉察到了吗？

⑦ 爱的能力

良好的关系会让一个人更幸福。事实证明，和家庭、朋友、周围人群联结更紧密的人更幸福，他们身体更健康，也比联结不甚紧密的人活得更长。重要的不是朋友的数量，而是情感关系，特别是亲密关系的质量。

太多人花了过多的精力和时间去记恨、嫉妒他人。从琐碎到不能再琐碎的小事上不断壮大彼此的负能量和怨恨，为了不值一提的事互相指责。对于最亲近的人，大多数人理所当然地认为：基于信赖与爱，对方终会原谅我们。

其实错了，爱是接受最真实的他人。当你接受了，才会进一步发现对方的优点，进而相互欣赏。

你必须尽早找到并完善自己最信任的情感关系，包括爱情、友情和亲情，这将能大大增加你成为“人生赢家”的概率。作家马克·吐温回顾自己的一生时，写下这样的话：“生命如此短暂，我们没有时间争吵、道歉、伤心。我们只有时间去爱。”

认知生命的意义，领悟爱与被爱，圆融地处理人际关系，面对困境，这是你必须掌握的技能。

8 人际网络

在生活的舞台上，真正的朋友，需要有共同兴趣和经历，并且在困境中能够互相帮助。除了强链接，弱链接对于事业和财富其实也很重要，弱链接数量大、跨界，会带来信息和财富。如果你具备超强的人际沟通能力，结交全世界各行各业的朋友，让你很快就可以获得世界的知识，不是通过互联网资讯，而是来自不同文化、不同国家的信息，不对称，整合起来才有巨大的财富价值。

我的幸福感来自我全球的人际网络，比如今天我在许多国家和地区可以开课成功，甚至场地免费，没有租用办公室，这都是粉丝和同学帮助的结果，2017 年之前我在海外的社会关系几乎为 0，如今我在全球有了很多好友。我的很多结果，都是通过弱链接的社会力量获得。

弱链接的力量，你掌握了没有？

⑨ 影响力

很多人经常跟我说，请别人做还不如自己做更快。其实，一个有成就的人不仅要完善自我、活出自我，想要获得更大的成功，还必须建立团队，同时拥有帮助他人成功的能力。你必须具备人格魅力并系统掌握公众沟通的能力。自律友爱，关注结果。你必须具备写作、演讲等语言运用的能力，学会应用互联网、新媒体的力量，提供有价值的信息和知识，并帮助到他人。

⑩ 找到人生使命

除了金钱、自己、家庭、朋友、时间自由、空间自由，人生最重要的力量，来自自己必须是有社会责任感的。对我们好的人一定要好好珍惜，让自己活得多姿多彩，不仅意味着你自己一个人多姿多彩，更是让认识你的人因为你也变得多姿多彩，大家都幸福你才会更幸福！

人生的终极需求是自我实现，但并不是底层的物质丰富。恰如我自己，我找到了自己的人生使命，帮助一亿人提升效能，甚至还可以帮助到更多人，这让我看到了生命的意义。

所谓伟人，会珍惜自己的生命，也懂得感恩，伟人不会只想获得更多，他们更想利用现有的东西去奉献更多。并且，他们愿意把时间奉献给他人。马克·艾略特·扎克伯格说，**靠本能和直觉可以让自己找到目标，但是使命会让人更有精神动力。**做着有意义又快乐的事业，你的心灵才能和世界合一。

你也要找到自己的人生使命，一起让世界变得更好！

以上，就是我认为非常重要的十大能力。

邀请函

你如何拥有这些能力并最终成为人生赢家呢?

能力的获得，就像孩子学钢琴，指望自学网课、看书就会是不太可能的。每一种能力还必须获得导师和榜样的指引，还要有圈子共同进步，刻意练习。没有指导有可能会走弯路，事倍功半。没有圈子自己探索进步太慢，没结果，耐心没了你就不会再继续了，得不偿失。

成为人生赢家不容易，但每一项能力的价值何止十万、百万?

比如运动、早睡早起、健康饮食的习惯，每一个都可以让人多活几年甚至十年。

良好的亲密关系所带来的幸福感，无价可以衡量。

孩子自律，你何止省心，更重要的是他们的未来会更成功。童年被爱，会让他们懂得去爱，而你老年的生活会更幸福。

每个人都需要一整套管理事务、信息和物品的系统，让自己高效率工作，享受慢生活，更快实现人生梦想。

在过去的 6 年里，易效能已经在全球许多个国家和地区开设了数百场线下讲演活动，有口皆碑。

易效能已经成为时间管理领域全球品牌。如果你通过自学很难获得

线下课现场

课程现场

突破性成长，那么现在邀请你来易效能的线下活动，一个人或许能走得快，但一群人可以走得更远。跟同频的人一起学习交流，有导师、有目标、有反馈……这样你能更快感受到时间管理足以改变人生的影响力。

扫描下方二维码

进入易效能线下活动预约报名系统

或者你也可以来电咨询 4000-999-225

很多人通过收听我在喜马拉雅 App 上的《叶武滨时间管理 100 讲》这个节目，开启了自己的时间管理学习之路。目前这个节目的播放量已经突破了 1.2 亿，成为很多人的时间管理启蒙必修课。如果你才刚刚接触时间管理，建议你从收听这个节目开始，一节一个知识点，每节 6 分钟，一共 100 讲，轻松好学。

扫描下方二维码

进入收听《叶武滨时间管理 100 讲》音频节目

最后鸣谢：

文稿整理：沈玉婷

图表制作：张萍

内容实践：解云洁